사람인 까닭에

21년차 인권활동가 12년차 식당 노동자
불혹을 넘긴 은숙 씨를 선동한 그이들의 낮은 외침

사람인 까닭에

류은숙 지음

낮은산

차례

들어가며
내가 사람과 사람 사이의 힘을 믿게 된, 그 까닭   6

오지랖 넓은 그 아저씨, 아줌마
사람을 내버려 두지 않는 능력은 어디에서 오는가?   19

평생 금을 밟고 살아온 사람들
그 문제에 국경과 세대는 따로 없습니다   39

복지의 불편한 얼굴들
제도화는 감시인가, 안전망인가?   59

우리 안의 투명인간이 보이지 않는가?
시민이 아닌 사람들과 함께하는 법   85

좋은 인디언은 죽은 인디언뿐?
내가 아는 장애인은 다 죽었다   105

잊힌 세계에서 건너온 외침
우리에게는 그들을 기억해야 할 의무가 있다   123

기대어 서지 않는 관계는 없다
고독한 개인, 인권, 연대의 딜레마   141

그들은 왜 나의 청춘을 멋대로 사유화하는가?
패거리 집단과 연대의 갈림길   163

당신들의 고통을 몰라서 미안하다
또 다른 가족의 가능성   183

인권 할아버지의 유쾌한 싸움
연대는 어떻게 이루어지는가   203

나는 그 기다림에 믿음을 주었는가?
함께 겪고 함께 버티는 힘   221

나오며
나는 사람으로 살고 싶다   244

은숙 씨는 꼭 누가 기다리고 있는 양 그곳에 갔다 _유해정   252

들어가며

내가 사람과 사람 사이의 힘을 믿게 된, 그 까닭

© Dan Jones

조용한 버스 안, 어디선가 소음이 들려온다. 건너편 자리 아가씨의 이어폰이 범인임을 곧 알았다. 그녀가 듣는 음악이 새어 나와 공기를 휘젓는 찢어진 음표가 됐다. 몇 번을 쳐다보며 신호를 주다가 말을 걸었다. "저기요, 저기요!" 다섯 번을 불러도 답이 없다. 결국 손으로 옆구리를 치려는 순간 그녀가 고개를 돌린다. "저기요, 이어폰 소리가 다 새어 나와요." 나는 그 말을 하면서 '아, 그랬나요? 몰랐어요. 죄송합니다.'라는 반응을 기대했다. 그런데 그녀는 입가에 조소를 띠면서 "그래서요? 내가 내 음악 듣겠다는데 무슨 상관이죠?" 기가 찬 나는 "이어폰은 자기만 들어야 이어폰 아닌가요? 밖으로 다 들린다고요." 그녀는 나를 위아래로 살피더니 "남들은 가만있는데 왜 당신만 난리예요?" "남들도 시끄럽겠지만 그중에서 내가 말을 꺼낸 거지요." "시끄러우면 당신이 다른 자리로 가면 될 거 아니에요?" 기가 차다 못해 울음이 터질 듯 분해진 나는 말했다. "당신 참……. 세상에 대한 예의가 없는 사람이군요." 하지만 그녀는 아무 일도 없었다는 듯이 고개를 돌리고 시끄러운 음악 감상을 계속했다.

시쳇말로 '완전히 새' 된 나는 "뭐 저런 싸가지가 있어."라며 대꾸 없는 한탄을 계속했을 뿐이다. 문득 "지옥에서 온 이웃"이라는 말이 떠올랐다. 익명성이 판치는 대도시에서 안하무인으로 다른 사람들을 뭉개고 무시하는 데 거침없는 경우를 일컫는 말이다.

2012년 10월, '생명평화대행진'이라는 제목으로 '강정에서 서울까지' 걷는 무리가 있다. 전국을 걸으며 억울함과 분함을 호소하는 사람들을 만나서 손잡고, 대선에 묻힐 수 없는 삶의 가치를 되새겨 보자는 행사이다. 대전역 행사에 합류한 나는 제주도 강정에서 온 할아버지와 반갑게 악수를 했다. 우리는 대전 역사를 가로질러 비정규직 철도 노동자가 농성하고 있는 뒷마당으로 향하고 있었다. 훤칠한 키에 허리가 꼿꼿한 중년 신사가 깃발 행렬을 보더니 말을 걸었다. "어디서들 왔어요?" 강정 마을 할아버지가 "제주도에서 왔습니다."라고 웃으며 답했다. 그런데 그 중년 신사는 대뜸 "참, 할 일 없는 사람들이군."이라 했다. 웃음을 머금었던 할아버지의 얼굴은 순간 흙빛으로 변했다. "당신, 그렇게 말 함부로 하는 거 아니야. 이 사람들이 할 일 없어서 이러구 다니겠어? 생각을 좀 해 보라구." 할아버지의 호통에 중년 신사는 "이게 어디서 큰소리야. 나라에서 하는 일에 맨날 반대나 하구."라 응대했고, 할아버지는 "생각 좀 하고 살아."라는 말을 반복했다. 누구에게나 공감을 요구하거나 강요할 수는 없는 일이다. 하지만 한뎃잠 자며 찬바람에 온몸이 통증 구멍인 할아버지에게 "할 일 없는 사람"이라는 말을 면전에 쏟아 낸 그가 너무 미웠다.

76만 5천 볼트 초고압 송전탑 설치와 핵발전소에 반대하는 농성이 계속돼 온 밀양의 오지에서 할머니들을 뵈었다. 산꼭대기에 있는 9개의 농성장을 지키느라 탈진하고, 새파란 용역들의 욕설과 폭력에 시달리고, 평생 구경 못한 관공서의 고소·고발에 시달려 온 분들이었다. 2012년 1월에 74세의 이치우 할아버지가 분신해서 돌아가신 일이 있고서야 비로소 세상에 그 참담함과 억울함이 알려지게 됐다. "우리 너무 힘들었어요. 고생 정말 많이 했어요. 그래도 이렇게들 찾아와 주니 너무 고마워요." 할머니는 이 단순한 문장으로 많은 사람을 울렸다. 두 분의 할머니가 나뭇가지 하나씩을 지팡이 삼아 쥐고 서 계시는데, 얼굴에는 주름살이 한 송이 꽃처럼 피어 있었다. 주름살이 아름답다는 생각은 처음 해 봤다. 나도 모르게 "할머니, 너무 예쁘세요."라 했다. 할머니는 "주름살투성이가 뭐가 예뻐요?" 하셨지만, 나뿐 아니라 동행한 동료는 "삶이 새긴 예술 작품"이라는 내 말에 동의했다. 평생 살며 지어 온 표정이 그린 작품이었다. 얼마나 예쁘게 물결치는지 주름골을 어루만지고 싶었다. 만남의 처음부터 끝까지 "고맙습니다. 고마워요."라는 말을 들숨 날숨처럼 반복하는 그분들에게 "감사한 건 접니다."라는 말을 속으로만 했다.

이어폰 그녀, 중년 신사, 주름살 할머니와의 만남은 이틀 사이에 벌어진 일이었다. 짧은 시간에 오만 가지 생각이 파도를 탔다. 이어폰 그녀가 '권리'라는 것을 활용한다면 어떨까 생각해 봤다. "이건, 내 권리야!"로 만사에 대응할 것이고 그녀가 가장 애용할 아이템은 소비자의 권리일 것이라는 생각이 들었다. 한 개그 프로그램에서 떴다는 대사 "브라우니(극 중 허세 가득한 유한마담 캐

릭터의 애완견 인형), 물어!"를 남발하는 소비자 말이다. "이건 내 권리야!" "내가 내 것 갖고 내 맘대로 하겠다는데, 당신이 뭔데?"라고 말하는 사람과의 대화는 불가능하다. 이런 식으로 쓰이는 권리 언어는 서로 연관된 삶에 대한 대화가 될 수 없고 오히려 대화를 가로막는 차단막이 된다. 우리는 서로에게 "지옥에서 온 이웃"이 되어 권리 언어로 물어뜯을 것이다.

중년 신사의 "할 일 없는 사람" 같은 시각은 사회적 갈등에 대한 깊고 복잡한 생각이나 토론을 거부한다. 자신의 생각과 판단의 자유를 '이건 내 권리'라고 여기면 그만일 것이다. 그는 소위 국책 사업에 대한 찬성과 반대 간의 대결로 문제를 규정지었을 것이다. '넌 반대, 난 찬성'의 이분법에 머물러서 상대를 파악했기에 대뜸 나온 말이 "할 일 없는 사람"일 것이다. 해군 기지에 반대하면 안보를 반대하는 것이고 찬성하면 안보를 지킨다는 논리이기에 반대하는 편이 생각하는 안보가 무엇인지에 대해서는 알아보려 하지 않고, 안보는 자기가 독점한 것처럼 여긴다. 내가 알기로는 강정의 그 할아버지도 사실 안보에 대해 대단한 관심과 철학을 갖고 있다. 그런데도 서로 대화를 할 수 없는 상황이 된 것이다. '같은 말이라도 아 다르고 어 다르다.'고 하지만, 권리에서의 '아'와 '어'는 기분 좋고 나쁘고의 차이 정도가 아니라 본질을 바꾸는 문제이다. "할 일 없는 사람"의 쓸데없는 문제 제기라는 태도에 갇힌 권리란 참 갑갑하다.

반면에 밀양 할머니들의 싸움에는 권리 투쟁이라는 말을 붙이고 싶지 않다. 복잡한 세상만사를 죄다 권리의 언어로 설명해 내려 드는 것은 할머니들에게 누가 되는 것 같다. 생명이니 평화이니 인권이니 하는 말을 평생 한 번도 써 보지 않은 분들일 것이다. 그런데 그 모든 것을 지키려는 노력을 "우리 고생 많이 했어요."라는 한마디로, 그 모든 것에 대한 경외심을 "고맙습니다."라는 마음으로 담아내는 분들이기 때문이다.

인권운동을 하면서 권리라는 것이 오작동하는 경우를 많이 봤다. 권리가 타인에 대한 관심을 불러일으키거나 사회적으로 일부 사람들에게 강요되는 취약함을 반성하는 틀로 작동하기보다는 관심 끄고 안하무인이 될 수 있는 차단막으로 작동하는 것이다. 안 그래도 경쟁과 시합이 넘치는 세상에서 '권리 시합'이라는 괜한 종목을 만들어 내는 것도 같았다. 인권 피해자들의 절규나, 취약함을 강요받은 이들의 인권을 찾으려는 요구에 귀 기울이기보다는 권리 주장으로 맞대응하려는 것이 강자들의 전술이 됐다. 그래서 "누구의 권리가 맞나?" "누구 권리가 더 센가?"라는 시합을 붙이고 "내가 이겼다."거나 "내가 맞다."는 인증을 따려 든다. 자기가 주장하여 갖고 싶은 이익에 권리라는 상표를 붙이고 법조인 등 전문가의 인증을 거쳤다는 확인을 받고 싶어 한다. 그런 식으로 권리는 같이 겪는 문제에 대한 답을 찾으려는 과제가 아니라 우위와 승패의 결과를 따지는 시합 종목이 돼 버렸다. 그간 권리는 여러 모로 불리하고 취약한 사람들에게 인권처럼 최후의 동아줄 같은 역할을 해 왔다. 하지만 이제는 어떻게든 빵빵한 자원을 동원할 수 있는 쪽이 그 힘의 과시를 권리로 해석하고 인정받는 판국이 됐다.

'인권의 배신'이라 이름 붙일 만한 상황이다. 그렇다고 인권을 버린다면 목욕물과 함께 아이를 내버리는 꼴이니, 인권 속에서 그 답을 찾아야 한다. 그래서 관심 갖게 된 것이 연대이다. 타인과의 관계를 까먹은 권리 타령이 정당한 인권 투쟁일 수 없음을 알려 주는 경보기가 '연대'라는 생각이 들었다. 인권의 상호의존성뿐 아니라 호혜성을 담은 개념이라 보았기 때문이다. 그런데 연대에 대한 탐색은 처음부터 절망적이었다. "연대, 그게 뭔데?"라거나 "새삼스럽게 연대는 무슨……."이라는 반응을 도처에서 만났다. '자유, 평등, 연대'의 트라이앵글이 인권의 핵심 가치라는데, 연대에 대해서는 왜 이리 무지하고 침묵할까? 자유나 평등에 대해서는 이런저런 말들이 많으면서 연대에 대해서는 왜 무시로 일관할까?

일단 연대라는 말을 꺼내면 단어 자체를 이해 못하는 사람이 대부분이었다. 인권 교육을 할 때마다 연대를 언급하면 90퍼센트 이상이 "대학 이름 아닌가요?"라고 대답했다. 인권 교육에 참여하고 있다는 것만으로도 대단한 힌트가 주어진 질문인데 연대를 인권의 가치라고 여기는 사람은 드물었다. 그래서 나는 어느 날부터인가 '연대는 신촌에 없다'를 가제로 생각하고 연대에 관한 이야기를 쓰자고 생각했다. 연대는 서울 신촌에 있는 대학 이름이 아니라 사람 사이의 끈과 인연, 도리를 뜻하는 말이고 인권에 대한 호소와 주장이 힘을 얻고 현실이 되는 동력이 연대에서 나온다는 것을 말하고 싶었다.

연대에 관한 숱한 세미나와 초청 토론, 인터뷰 등을 거쳤지만 막상 쓰자니 잘 쓸 수가 없었다. 책에 나온 이론들로 연대를 설명하자니 "키스를 책으로 배웠어요."라는 시트콤 대사가 떠올랐다. 마찬가지로 내가 "연대를 책으로 배웠어요."와 다를 바 없는 글을 쓰고 있다는 생각에 몇 번을 엎었다. "사람에 대한 얘기로 풀어라." "연대에 대한 구체적인 경험을 써 봐라."는 조언을 들었지만, 인권활동가로 20여 년을 살아왔다는 내 삶속에서조차 연대를 경험하고 실천한 기억이 없었다. '나 참 한심하구나.'라며 좌절을 거듭하다가 문득 내가 미처 보지 못했을 뿐이라는 생각이 들었다. 내가 보지 못했거나 보지 않은 건데 "연대는 없다."고 감히 선언하는 것이 죄스러웠다. 자신에게 좋은 것이 모두에게 좋은 삶, 그것을 위해 얼마나 많은 사람이 애쓰고 힘써 왔으며 또 지금도 그러고 있는지 보여 줄 수 있는 가깝거나 먼 기억, 뚜렷하거나 희미한 감흥들을 죄다 끄집어내게 됐다. 이 글은 그런 기억과 감흥의 잡동사니다. 그래서 이 글에 나타난 이런저런 연대에 대한 판단과 비판도 그때그때의 감흥에 따라 오락가락한다.

이 오락가락함은 무엇보다도 나의 찌질함에서 나온다. 나를 비롯해 우리의 삶은 대부분 찌질하다. 일례로, 연휴에 대형 마트에 가서 부모님과 쇼핑하면서 정치적 올바름은 쉽게 무너진다. 연휴에도 쉬지 못하는 노동자들에게 미안한 일, 소규모 영세 상인들에게 못할 짓인 줄 알면서도 그나마 시간 내어 부모님과 함께할 수 있는 몇 안 되는 때이기에 그러고 만다. 우리는 다 그렇게 서로를 이용하며 배신하며 산다. 그렇다고 해서 "사는 게 다 그런 거야."라는 찌질함으로 퉁치지 않고, 반성하고 다시 시도하는 것이 연대일 것이다. 그러기에 나의 찌질함에 대한 부끄러운 고백을 많이 썼다.

연민과 동정에 대한 나의 판단 또한 오락가락한다. 타인에 대한 존중을 강조하는 인권운동 판에서는 "불쌍해요."라는 말을 금기어로 여긴다. 하지만 "그렇게 타인에 대해 느끼는 게 어디야? 그런 감정의 싹이 얼마나 소중한데, 그런 말 하면 안 된다고 일단 뭉개고 보는 건 나빠."라고 말하는 동료도 있었다. 요즘 연대에 대한 책을 쓰고 있노라 했더니 운동 판의 원로인 문정현 신부님은 "그게 측은지심인데, 그게 참 어려운 거야."라고 하셨다. 측은지심의 마음조차 가져 본 적 없이 책에서 배운 연대의 원칙을 나부댄 경험에 대해서도 쓰지 않을 수 없었다.

나는 겁이 많아서 공포영화를 못 본다. 아찔한 장면이 나올 때마다 붙잡고 고개를 처박을 수 있는 친구가 옆에 있을 때만 간혹 곁눈질로 몇 편을 봤을 뿐이다. 그런데 도무지 이해 안 가는 공통적인 장면이 있다. 언제 죽을지 모를 정말 무서운 상황인데 등장인물들이 꼭 "난 이리 가 볼 테니 너는 저쪽으로 가 봐."라고 하고는 흩어지는 것이다. '그렇게 무서울 때는 서로 꼭 붙어 있는 게 정상이지, 왜 째지는 거야? 당장 괴물이나 괴한이 나타날 상황인데 저건 말도 안 돼!' 이러는 것은 내 생각일 뿐이다. 그렇게 흩어놔야 피 흘리는 희생양이 생기는 것이 잔혹공포영화의 여전한 규칙이다. 이와 반대로, 사소하지만 무섭기 때문에 살고 싶어서 꼭 붙어 있는 것이 연대가 아닐까 생각한다. 그렇기에 "같이 살자."는 이 시대 연대의 호소들을 글 안에 최대한 담으려 했다.

몇 해 전 부족한 첫 책《인권을 외치다》를 냈을 때 "인권에는 분명한 저자가 있다. 인권의 저자란 인간의 고난과 굴욕을 당연한 것으로 여기지 않고 도전해 온 사람들이다. 부족한 글이나마 인권의 저자들에게 바치고 싶다."라고 썼다. 이번에도 마찬가지의 말을 하고 싶다. 이 글을 '연대의 전령'들에게 바치고 싶다.
　연대의 전령이란 '나 같은 걸 누가 기다리고 있겠어?'가 아니라 '나라도 가 봐야지.'라는 마음으로 신발을 챙겨 신는 사람이다. 도무지 알아주지 않을 것 같은 사연들을 퍼뜨리는 전령이요, 도무지 오지 않을 것 같은 지원대가 오리라는 희망을 앞서 건네주는 전령이다. 나의 찌질함을 타인에 대한 공감으로, 나의 억울함과 분노를 원인에 대한 인식으로, '될 대로 되라.' 식의 나의 포기를 '같이 해 보자.'는 도전으로 갈아 입혀 주는 사람들이 바로 그 전령들이다. 기다리는 사람들이 있는 한, 기다리는 심정을 헤아릴 수 있는 한, 만남의 기대와 실망을 겪어 낼 수 있는 한, 누구나 연대의 전령이 될 수 있다.

© Dan Jones | Cable Street Anniversary. 1936년 영국 파시스트들이 유대인 지역을 관통하여 행진하려는 것을 50만 민중이 막아 낸 일을 기념하는 축제.

오지랖 넓은
그 아저씨, 아줌마

사람을 내버려 두지 않는 능력은 어디에서 오는가?

쏟아지는 별에 가슴 울렁이며 삶을 생각했던 이,
동기의 죽음에 통곡하던 이, 멜랑꼴리에서 조금씩 빠져나온 이,
이들이 스친 일들은 그냥 벌어진 것이 아니라
주변에 대한 생각을 고쳐먹고 용기를 가지려 했기 때문에
일어났으리라. '주변'은 '중심'이 고의로 만들고
강요하는 것이지, 원래부터 주변인 삶은
어디에도 없는 것이다. 그리고 우리에게는
해고 걱정이 필요 없는 일이 무궁무진하다.
주변에는 또 주변이 있기 마련이다. 그 주변을 찾아
우리가 만나서 직접 부딪치는 만큼 그 주변은 35미터보다 높아지고
100만 킬로미터보다 길어질 수 있을 것이다.
사람을 내버려 두는 무능에 빠지지 않는다면 말이다

© 구본주 | 파업 연작. 1990

늘 줄줄 새는 지갑이지만 유독 지출이 많은 날이 있다. 그런 어느 날, 책도 사야 했고 무슨 납부금도 내야 했고 지갑이 어느새 텅 비어 버렸다. 마침 옆에 있던 친구에게 나도 모르게 "오늘은 어쩌다 보니 꽤 돈을 많이 썼네."라고 푸념했다. 그런데 그 친구 입에서 대뜸 나온 말이 "미안한데, 나도 돈 없어서 못 꿔 주겠는데."였다. 순간 당황했다. 돈 꿔 달라는 말을 하려는 생각은 전혀 없었기 때문이다. '왜 이리 나갈 돈이 많은 거냐!'는 한숨을 같이 쉬어 달라는 뜻일 뿐이었다. 비슷한 일을 두어 번 더 겪은 뒤에는, 지레 겁먹고 내게서 도망갈까 봐 '돈 꿔 달라는 말 아냐!'라는 앞머리를 달고 말을 꺼내야 하나 자연스레 고민이 됐다. 그러다가 부아도 치밀었다. '그래, 그렇단 말이지? 설령 꿔 달란다고 하면 어때서? 그게 그렇게 겁나? 무슨 친구가 그래?'라고 속으로만 삿대질을 해 댔다.

그런데 따지고 보면 나도 뭐 그리 다르지 않다. 누가 어려움을 하소연하기 시작하면 시계를 보게 되고, 화제를 바꾸려 하고, 화장실 다녀오는 김에 자리를 바꿔 앉는다. 남의 고통에서 떨어져 앉는 것은 하나의 방어 본능인 것일까. 떨어져 앉지 않으면 내가 감당해야 할 그 무엇이 있을 것 같아 겁이 난다. 적당한 거리를 두고, 엉기거나 질척거리지 말고 쿨하게 구는 것이 관계를 유지하고 관리하는 법이란 것을 교과서 밖에서 많이도 배웠나 보다.

하지만 상상의 요구만으로도 지레 겁먹은 친구들이나 나 자신도 방어 본능에 따르고 쿨한 그런 관계보다는 당연히 더 깊고 따뜻한 관계를 원한다. 사실 적당한 거리 두기를 하고 살면서는 늘 허전하다. 적당한 거리라는 것은 상상의 위치이지 현실의 위치는 아니라는 점을 우리는 서로 알고 있다. 이런 우리 사이를 비집고 들어오는 세상사가 좀 많은가. 우리 사이를 돌아보게 만드는 사람들은 또 어떠한가.

사람 사이의 관계를 어떻게 도모해야 할지 고민할 때 앞서 얘기한 거리 두기, 쿨함뿐만 아니라 자유, 평등, 박애, 우애 등 다양한 말이 떠오른다. 그런데 이 짧은 단어들이 품고 있는 거대한 이상과 험난한 현실 사이의 거리 때문인지 이들은 묘하게 사람들을 옥죄는 것이 사실이다. 그렇게 강력하게 우리를 몰아붙이는 또 하나의 말이 바로 '연대'이다. 많은 경우 "관심과 연대를 호소합니다."라는 요구 앞에서 표정 관리가 쉽지 않은 이유는 우리가 변변찮아도 그런 요구에 쉽게 귀를 닫지 못하는 사람일 따름이기 때문이다.

하지만 실제로 우리는 연대를 "상호번역성"이고 "우리성의 감각" "타인을 향한 도덕의 완성이자 자신의 생존조건" 같은 미려한 수사로 가득 찬 문장으로나 만나게 된다. 가끔은 '연대가 무슨 아이스크림이나 커피 같은 후식인가?'라는 생각이 들기도 한다. 어떤 행사나 논의의 마무리를 전담하는 말로 연대가 등장하기 때문이다. "연대 투쟁만이 희망이고 또 다른 죽음을 막을 수 있다."처럼 운동 단체들의 비장한 성명과 구호 등은 늘 연대의 다짐으로 끝난다. 심지어 정부와 정치권에서도 국가 비상사태를 구실로 시민의 협조나 자제를 당부하면서 "아름다운 연대" 운운할 때가 많다. 구제역 파동 때는 설 귀향 자제를, 국제 행사 때는 시위 자제를, 촛불 시위 때는 사회 통합을 해치지 말라고 강요한다. "분열은 해악이고 체제의 조화와 발전을 막는다."는 식으로 말이다.

연대는 그것이 이야기되는 다양한 맥락만큼이나 동경, 진부함, 부채감 등 다양한 감정을 자극한다. 특히 감정선을 가장 깊게 건드리는 경우는 이 세상살이에서 적당한 거리 두기를 못하는 사람들이 출현할 때이다. 누구는 그런 사람들을 도덕적 영웅으로 여기기도 하고 또 누구는 껄끄럽고 모난 돌처럼 여긴다. 오지랖 넓고 세상 고통은 다 짊어진 듯하면서 "왜 너는 함께하지 않느냐."며 울먹이고 호통치는 사람들 말이다. 그런 사람들을 찾자면 제법 된다. 그 가운데 쉰 넘은 아저씨 한 분과 아줌마 한 분에 대한 이야기를 하고 싶다.

4월 1일은 만우절, 그런데 어느 해부터인가는 거짓말이라고 눙치고 웃으며 지나칠 수 없는 날이 되어 버렸다. 호텔에서 뛰어내려 자살한 영화배우 장국영의 기일이 되어 버렸기 때문이다. 그런데 이날은 또 다른 한 사내가 큰일을 저지른 날이기도 하다. 이 사내는 2007년 4월 1일, 서울 하얏트 호텔 앞에서 "한미 FTA 폐기하라!"며 제 몸에 불을 지르고 쓰러졌고, 보름 뒤에 생을 달리했다. 누가 봐도 자신을 버린 것인데 그는 "나는 나 자신을 버린 적이 없다."는 말을 남겼다. 쉰다섯 살에 생을 달리한 택시 운전사 허세욱, 내가 이야기하고자 하는 그 아저씨다.

누가 죽었다는 소식은 그가 누구이든 간에 늘 속상한 법이다. 게다가 여생을 누렸을 법한 나이의 죽음이 아니거나 마음의 준비를 했던 일이 아닌 경우에는 오만 가지 생각이 들게 된다. 인생의 허무함에서부터 공범의 책임감까지 말이다. '나 살기 바쁘다고 사람을 그렇게 외롭게 버려뒀구나.' '그렇게 절망하도록 내버려 두고 희희덕거렸구나.' 뉴스를 보다 처음 알게 된 사연의 사람, 만나 본 적 없는 사람에게도 그런 미안함이 스칠 때가 있다. 그럴 때는 "사는 게 죄"라는 옛 분들 말씀이 마음에 착 달라붙는다. 하물며 어디선가 스쳤고 몇 마디라도 나눴던 사람의 얘기는 그냥 지나칠 수가 없다.

허세욱 씨 관련 기사와 그의 사진을 보고서는, 그이가 내가 스쳤던 사람이라는 사실에 절망스러웠다. 모아 쥔 그의 뭉툭한 두 손이 내게 또렷이 떠올랐다. 2001년 1월, 아랫도리가 날아갈 것 같은 날 명동성당에서였다. 그때 나와 동료들은 노상 단식 농성중이었다. 국가인권위원회 설립을 두고 정치권과 한바탕 씨름하던 중이었다. 13일간 성당 앞 들머리에서 노숙 농성을 했는데 그해에는 유난히 눈도 많이 왔고 추위도 혹독했다. 단식자들의 침낭 위에 비닐을 덮어 꼭꼭 여며 주며 하루의 마무리를 하던 자정 무렵이었다.

택시 운전을 하는 사람이라며 한 아저씨가 찾아왔다. 운전을 하다가 뉴스에서 소식을 들었노라고, 추위에 필요할 것 같아서 이불을 가져왔다고 했다. 뉴스에서 이불이 필요하다는 보도를 하지는 않았을 것이다. 자신이 집에서 덮던 것이라고 한 이불은 낡았고 깨끗하지도 않았다. 운전하다 말고 집에 가서 한 겨울에 자기 이불을 둘러업고 왔을 마음을 짐작하니 오만 생각이 들었다. 거절할 수 없었다. "이거, 저희 주시면 아저씨는 어쩌시려고요. 집에 딴 이불 있으세요?" 그는 두 손을 모아 쥐고 "괜찮습니다. 제가 할 수 있는 게 이것밖에 없어서요."라는 말을 되풀이할 뿐이었다. 그리고 우리는 별로 나눌 말이 없었다. 어색함에 내가 이런저런 말을 꺼내도 그는 같은 말만 되풀이할 뿐, 두 손을 모아 쥔 채 망부석이 된 듯했다. 그렇게 발걸음을 떼지 못하는 그이와 같은 말을 되풀이하다 돌아선 나는 '세상에 별난 사람도 다 있네.'라고 생각했다. 침 튀기며 일장 연설이나 분풀이를 해 대는 소위 민주 시민의 격려는 많이 받아 봤지만 그렇게 두 손을 꼭 모아 쥔 침묵은 기이했다.

그해 겨울 농성장에는 그이가 가져온 이불 말고도 이런저런 단체 사무실에서 쓰던 침낭들이 몰려들었다. 농성이 끝나자 눈에 젖어 엉망이 된 침낭과 이불의 처리가 큰일이었다. 가져온 정성들을 생각하니 창고에 쑤셔 박아 썩게 내버려 둘 수는 없는 노릇이었다. 너무 더럽다고 거절하는 세탁소들을 순례한 끝에 한 곳을 뚫어 일단 세탁부터 했다. 육십여 장의 이불과 침낭을 세탁하여 되돌려 주는 일 역시 만만찮았다. 이름이 분명한 단체들에는 그럭저럭 돌려줄 수 있었지만 이름 없는 분들이 가져다준 것들이 문제였다. 허세욱 씨가 가져왔던 이불도 그 가운데 하나였다. 생각 끝에 우리처럼 추위에 농성하는 곳이 있다고 하면 나눠 드렸다. 그의 이불이 지금도 어느 농성장에서 말없이 누군가의 체온을 지키고 있을지 누더기로 버려졌을지는 알 수 없다.

나중에야 평전을 통해 알게 된 사실이지만, 그의 그런 행동은 제 집 이불을 둘러업고 오는 것으로 만족하고 만 게 아니었다. 미군 장갑차에 깔려 죽은 효순이, 미선이 추모 집회로 시작된 촛불집회에 대부분 시민이 거의 다 빠져나간 뒤에도 그는 계속 참석을 했고, 택시에서는 늘 유인물을 돌렸다고 한다. 그의 죽음을 추모하여 지인들이 만든 평전은 그가 하루 평균 400킬로미터, 평생 100만 킬로미터의 도로를 택시로 내달렸다고 적고 있다. 그 기나긴 길은 생계를 위해서만이 아니라 누군가의 고통을 듣고 달려가는 길이었기에 "연대의 도로"라 불렸다.

그 "연대의 도로"에는 회차 지점이 없었나 보다. 한미 FTA는 양국의 기득권자들을 위한 것이고 가난한 사람은 더 가난해질 것이라는 경고를 하기 위해 그는 계속 밟고 밟아서 끝까지 가 버린 것이다. 서울에서 부산까지는 400킬로미터가 조금 넘는다. 허세욱 아저씨가 살아 계셨다면 부산에 있는 김진숙 아줌마에게 "힘내세요!"를 외치러 분명 한달음에 달려갔을 거리다.

김진숙은 부산역 근처 한진중공업 35미터 높이의 크레인 위에 올라가 11개월 가까이 농성하고 내려온 이의 이름이다. 2011년 1월 6일에 올라가 11월 10일에 내려왔으니 꼬박 309일 동안이다. 곰이 마늘과 쑥을 먹고 사람이 됐다는 신화 속의 100일, 새 생명의 탄생을 축하하는 백일잔치, 연인과의 사랑을 확인하는 백일 이벤트를 다 합쳐도 309일이 못 된다. 그런 시간 동안, 그 아줌마는 소금 바람과 방사능 비까지 몰아치는 그 높은 곳에 있었다. 산업재해와 인간 이하의 노동 조건이 지배한 공장에서 반평생을 보낸 그녀는 대량 정리해고에 맞서고자 그곳에 올라갔다. 자신은 노동운동 때문에 회사에 밉보여서 이미 20여 년 전에 해고된 몸인데도, 동료들의 해고를 막으려고 그곳에 올랐단다. 그 크레인은 그녀의 20년 지기였던 한진중공업 노조위원장 김주익이 같은 이유로 농성을 하다 몇 년 전 목을 맨 곳이기도 하다. 그런 그녀를 투사가 아닌 아줌마로 부르고 싶은 것은 〈쉰 넘은 아줌마가 왜 크레인에 올라가나?〉라는 글 때문이다. 투사보다는 '쉰 넘은 아줌마'가 쉰에 가까워지는 나와 그녀를 연결 짓기가 쉽다. '쉰 넘은 아줌마'로 시작되는 그 글을 쓴 이는 세 아이의 엄마라 했다. 김진숙 씨를 만난 적 없지만 그녀의 사연들을 듣고 어떻게 함께할 수 있을까 고민한 그 엄마는 김진숙 씨의 삶이 담긴 책을 많이 구입해서 만나는 사람마다 팔고 있다 했다. 이 사람 저 사람에게 읽혀서 쉰 넘은 아줌마가 왜 그러는지를 알리기 위해서라고 했다.

이처럼 제 처지에서 애써 생각해 내는 것, 그것이 바로 사람과 사람이 맞잡는 연대의 무궁무진함일 것이다. 무슨 요구가 없더라도 진심으로 함께하고자 하는 사람들은 제 방식으로 무슨 방법이든 궁리해 낸다. 또한 그런 생각에는 전염성이 있다. 나도 그 엄마의 글을 읽고 김진숙 씨의 책《소금꽃나무》를 찾아 읽기 시작했으니 말이다. 한참 전에 사 놓고는 책장에서 묵히던 책이었다. 의무감으로 사 두었지만 읽고 싶지 않은 책이었다. 그놈의 거리 두기 때문에 읽지 않은 것이다.

몇 해 전 걸쭉한 부산 사투리의 김진숙 씨 강연을 들은 적이 있다. 옷 공장에서 일하던 시절, 맨날 코피를 쏟던 어린 시다들이 생리를 시작하자, 그게 무엇인지도 모를 정도로 무지했던 다른 어린 노동자들이 "쟤네는 왜 코피를 아래로 쏟아요?"라고 했다는 그 처참한 노동 환경의 묘사에 질려 버려 그녀의 책을 읽어 볼 엄두를 못 냈다. 얼마나 끔찍한 사연이 많이 담겼을지 생각하고는, 애써 피해 가는 납량 특집 공포 드라마처럼 취급했던 것이다. 그러다 결국 주변 사람들에게 이 아줌마가 살아온 이야기를 읽힌다는 또 다른 아줌마 덕분에 읽게 된 그녀의 책은 예상대로 피와 땀과 눈물 콧물이 범벅된 사연이었다. 사실은 예상을 넘어도 한참 넘는 얘기들이었다. 지레짐작으로 도망치지 말고 입 다물고 듣는 일이 시작이라는 생각이 들었다.

진숙 아줌마는 말을 참 잘한다. 크레인에 올라가기 이전에도 이런저런 인터뷰와 연설에서 입담을 과시했다. 보통 말 잘한다고 할 때에는 칭찬과 욕의 의미가 섞여 있다. 내가 아줌마에게 말 잘한다고 하는 것은 남들 듣기 싫어하는 소리를 참 잘 지른다는 뜻이다. 그냥 독설이라 칭하기에는 밋밋하다. 소위 노동자의 도시에서 학원 사업을 창궐하게 하는 정규직 노동자의 자식 사랑을 허위의식으로 지적질하거나 교사들한테 "서울대 나온 제자는 자랑스러워하면서 공사장에서 일하는 노동자 제자를 자랑스러워해 본 적이 있느냐?"고 대놓고 물었다는 아줌마의 인터뷰를 보면서는 '어휴, 저런 말을 참 겁도 없이 하네. 좀 에둘러 말하지.'라고 가슴을 쓸어내렸다. 그런데 나도 그런 식으로 독설을 하고 싶었다. 나도 독설가라는 소리를 엄청 들어 봤지만 그건 애정 때문이 아니라 거리 두기를 하려고 한 독설이었지 싶다. 아줌마의 독설 근성은 노동자에 대한 사랑에서 나온다는 것을 느꼈기에 나도 그만큼 사랑이 깊은 대상이 있어야 그런 독설을 할 수 있으리라 부러워하고는 했다.

숱한 파업 현장을 찾아다니는 아줌마의 경험담 가운데는 노동자의 자존심을 강조하는 것들이 많다. 그 가운데 김 공장 할머니들 얘기가 있다. 노조를 만든 이유 가운데 하나가 새파란 과장이 맨날 욕을 해대서였다고 한다. '욕하지 마라'의 맞춤법을 몰라 '옥하지 마라'고 썼던 할머니 노조는 결국 공개 사과를 받아냈단다. 남자들은 명령적이고 지침이 우선되고 하지만, 할머니들은 연속극 얘기하다가 아들, 며느리 얘기하다가 다시 회의하다가 하면서도 회의한 대로 실행에 옮긴다고 했다. 그 얘기 곳곳에는 노동자에 대한 아줌마의 자랑스러움이 가득 차 있었다.

대규모 희망버스의 방문이 서서히 잦아들어 가던 무렵, 주중에 인권활동가들이 조촐하게 김진숙 씨의 크레인을 찾은 일이 있다. 밥때가 되어 다른 해고 노동자들과 같이 밥을 먹었다. 그들은 한진중공업 본사 바로 맞은편, 좁고 초라한 골목 귀퉁이에서 밥을 지어 먹고 있었다. 국과 김치와 멸치가 전부인 한 끼를 들이키듯 비우더니 여기저기 웅크려들 앉아 담배를 나눠 피웠다. 그때 골목 안 식당 아주머니가 문을 열고 고함을 친다. "정말 미치겠다. 하루 이틀도 아니고 내도 먹고살아야 할 것 아이가? 그러고들 있으면 이 골목에 손님이 오갔어? 어디 좀 안 보이게 들어가 있어." 막다른 좁은 골목 안, 더 이상 숨으려야 숨을 데 없는 그곳에서 움츠린 노동자들의 등이 쓸쓸했다. 자신의 밥을 위해 악다구니를 쓸 수밖에 없는 식당 주인, 서러운 밥을 삼키면서도 그 자리를 떠날 수 없는 노동자들, 위를 다쳐서 죽밖에 삼키지 못한다는 김진숙 아줌마의 죽통을 챙기는 앳된 얼굴의 아기 엄마······. 그 순간 내가 든 식판 위의 하얀 밥덩이가 그 모든 이들의 눈물꽃으로 보였다. '채이고 밟히는 노동자들의 밥그릇을 볼 때마다 아줌마의 심정이 이랬겠구나.' 순간 울컥하여 나는 그 밥을 벌컥벌컥 마셔 버렸다.

허세욱과 김진숙, 이 아저씨와 아줌마의 삶에서 나는 탐나는 능력을 발견했다. '사람을 내버려 두지 않는 능력' 말이다. 이 탐나는 능력은 고통 받는 타인뿐만 아니라 자신에게도 발휘된다.

이 아저씨와 아줌마는 조선소 노동자, 배달꾼, 버스 차장, 아이스크림 장수 등 흔히 영화 속에서 가장 후지게 그려지는 배역을 도맡다시피 하며 제 몸 돌보기에도 버거운 온갖 직업군을 전전했다. 대학생이 돼서 세상에 복수하겠다는 다짐에는 비웃음이, 따뜻한 가정을 꾸리고 싶은 소망에는 외로움만 몰아친 두 사람이었다.

그런데 두 사람은 가시밭길인 자기네 인생의 주변에도 더 음지가 있다는 사실을 발견했다. 그 주변과 만나자, 나만 아프다고 알고 살아온 삶을 부끄러워했고 직접 나서서 그 고통을 함께하면 주변의 용기를 끌어낼 수 있을 것이라고 느꼈다.

같은 주변을 보고 겪더라도 그 주변에 대한 생각은 사람에 따라 천차만별이다. 어떤 사람은 그 주변을 혐오하고 거기서 벗어나려 한다. "난 저들과 달라, 지긋지긋해, 벗어나고파!"를 외친다. 반면, 찌그러져 펴지지 않는 주전자라도 물은 끓는다는 것, 찌그러질 대로 찌그러진 형편 속에서도 사람은 자신을 내버리지 않는다고 믿는 사람도 있다. 이는 뭐든 마음먹기 나름이라는 자기계발서의 교훈과는 다르다. 언젠가 좋은 날이 오리라는 최면도, 나보다 더한 처지의 사람도 있다는 마취도 아니다.

처음부터 그런 것은 아니었다. 목구멍이 포도청이라는 현실에 주눅 들었고 당당하지 못하고 빨리 체념했다. 남에게는커녕 제 자신에게도 아무것도 되어 줄 수 없는 삶을 슬퍼했다. "나는 고향이 없어요. 고향에 있을 때 행복하게 웃어 본 기억이 없어요."를 입버릇 삼아 술에 취해 끝 모를 가난을 원망하던 아저씨였다. "남들도 다 이렇게 사나. 울긋불긋 모자 쓰고 놀러 가는 또래 아이들을 보면 괜히 우울하고 일할 맛도 안 나고, 인간답게 사는 걸

포기해야 했습니다."라던 아줌마였다.

이 아줌마, 아저씨는 자신에게나 남에게나 아무것도 되어 줄 수 없는 현실의 마음앓이 끝에 '내가 저들이고 저들이 나다.'라는 쪽을 택했다. '사람을 내버려 두는 무능'은 제 자신마저도 구원 못 할지 모르지만 '사람을 내버려 두지 않는 능력'은 세를 불릴 수밖에 없다. 주변의 고통에 공감하고 반응하는 능력은 주변에만 머물지 않기 때문이다. 아는 사람, 친근한 사람의 고통에 공감하게 되자 그 공감의 힘으로, 얼굴도 보지 못한 사람, 전혀 다른 처지의 사람도 이해할 수 있는 힘을 키워 갈 수 있었다. 주변의 고통에 대한 공감은 만나 보지 않았어도 직접 겪지 않았어도 누군가의 고통을 떠올릴 수 있고 자신의 문제로 여기는 능력으로 성장했다. 이 능력은 밑 빠진 독인지라 세상 모든 고통에 대해 오지랖이 넓어지게 된다.

그래서 택시 운전사 아저씨는 제 동네의 철거 문제, 제 사업장의 노동 조건을 따지게 됐고, 그것을 넘어 불평등한 한미 행정협정이나 한미 FTA까지로 제 삶의 문제를 넓혔다. 조선소 용접공 출신의 해고 노동자 아줌마는 제 사업장의 일만이 아니라 모든 노동자의 처지를, 비정규직이 된 제 조카의 일뿐 아니라 못 먹어 못 자란 먼 타국의 아이 일을 걱정하는 오지랖을 갖게 됐다.

이 오지랖 넓은 능력은 눈물 콧물 바람에서 끝나지 않는다. 왜 그런 일이 일어났는지 집요하게 따져 묻는다. 왜 소금꽃이 피도록 일했는데 개떡 같은 밥을 먹어야 하지? 왜 회사는 이익이 높아졌다는데 노동자들은 잘려야 하지? 왜 자긍심과 자랑은 서로 나눠 가질 수 없지? 다음에 또 누가 죽을지도 모르는 상황에서 왜 이 게임에 몰두해야 하지? 이런 질문을 안고 아저씨와 아줌마는 씨름했다. 고민하고 듣고 토론했다. 주변의 고통을 안고 울 뿐 아니라 '누가 널 울렸니?'라고 따져 묻는 공부를 쉬지 않았다.

공감에 더해진 생각의 되새김질, 거기에 붙은 실천, 이것을 연대의 삼 요소라고 한다. 아저씨와 아줌마의 삶의 트라이앵글이 바로 그러했다. 말이 어눌하여 사람들과 어울리지 못한 아저씨는 풍물을 배워 말 대신 징 소리로 소통했고, 추운 날에는 뜨거운 음료수를 더운 날에는 찬 음료수를 준비하여 집회나 농성에서 고생하는 사람들 손에 안기고 다녔다. '다음에 다음 기회에'라 하지 않고 어려운 일이 있다는 곳에는 당장 달려가서 제 눈으로 보고 왔고, 주변 사람에게 알렸다. 집회나 농성장에 가면 주변 청소를 하고 돌아다니는 등 허드렛일을 찾아 했다. "나는 위에 서지 않았다."는 아저씨가 남긴 짧은 말 가운데 하나이다. 내게는 그 말이 위에 서지 않고 옆으로 다가설 길을 찾고 또 찾았다는 이야기로 들렸다.

영화나 드라마를 보면, 주인공들이 자신도 모르게 아주 오래전 서로 스쳤고 이미 인연을 맺은 것으로 묘사되는 장면으로 끝나는 경우가 많다. 허세욱 아저씨에 대한 《허세욱 평전》과 김진숙 아줌마의 《소금꽃나무》를 읽다가 문득문득 내가 마치 영화 속 엔딩 장면의 주인공이 된 듯해 놀랐다. 아무 상관없는 우리가 스쳤던 공간과 사람들 때문이었다.

아저씨는 가난과 고독에 짓눌린 삶 속에서 술독에 빠져 산 무능력자였다. 그런 그가 세상에 관심을 갖게 된 것은 동네가 철거된다는 날벼락 때문이었다. 철거에 반대하는 사무실을 기웃거리며 그는 사람들을 느끼게 됐다. 지인들이 왜 '별이 된 택시 운전사'라고 평전의 부제를 붙였는지는 모르겠지만, 나에게는 아저씨가 바라봤을 동네의 그 별이 또렷하다. 아저씨가 철거 반대 사무실을 기웃거리며 이웃들에게 처음 관심을 갖게 됐던 그 무렵을 더듬어 보니, 내가 그 철거 동네 한글 교실 자원활동가로 서 있다.

학과의 실습 학점 때문에 찾은 곳이었지만 실습 이후에도 발길을 뗄 수 없는 무언가가 있어서 일 년여 동안 교사가 됐다. 한글 교실의 학생은 대부분 중년 이상의 여성들이었다. 사장이 자신을 신뢰해서 은행 심부름을 시키는데 현금자동입출금기의 글자를 읽을 수 없어 매번 청원 경찰의 신세를 진다는 식당일 하는 아줌마부터, 생선을 팔다 온 굵은 손마디로 연필을 거머쥔 할머니까지 글자의 조합만큼이나 다양한 인생이었다. 그들에게는 그토록 낯설고 어려운 학습 대상인 한글이 내게는 당연한 것이라 어떻게 가르칠지 몰라 헤맸다. 어쩌다 쥐어짠 교습법이 먹힌 날은 학생들이 아주 즐거워했다. 머리에 쏙쏙 들어온다고, 거리의 간판을 읽게 되어 너무 기쁘다고 했다. 그런 날에는 같이 활동을 한 동기 녀석과 나도 덩달아 기뻤다. 귀갓길에 "야, 간판 글자를 모르고 이 거리를 걸으려면 정말 답답했겠다."라는 말을 주고받았다. 산동네 야학의 수업을 마치고 나오면 '이건 서울 하늘이 아니야!'라고 거짓말해도 될 정도로 별이 비처럼 쏟아졌다. 아저씨는 그 별빛이 쏟아지는 마을과 사람들을 떠나고 싶지 않았을 것이다. 그래서 술독에 빠진 하루살이 인생에서 주변으로 다가섰을 것이다. "타자의 고통을 만났을 때 자신만을 알고 살아온 삶이 부끄러웠고 타자의 고통을 만났을 때 고통은 더해지는 것이 아니라 감소되었다."는 평전의 한 대목은 어눌했다는 아저씨의 마음을 그대로 드러낸 것 같았다.

    대학생이 소원이었다는 아줌마, 검정고시 공부 때문에 잔업을 못할 것 같다고 했다가 "회사가 자선사업 하는 덴 줄 아느냐?"는 타박에 다리가 후들거렸다는 아줌마가 그 공장에서 잘리던 해에 난 대학생 배지를 달았다. 그리고 나는 '사람살이는 이미 다 정해져 있어. 나 같은 가난뱅이는 대학 나와 봤자 쟤들과 결코 같을 수 없어.'라고 뇌까리며 학교에 다니기 싫어 허구한 날 수업을 땡까고 쏘다녔다. 아줌마가 부산의 대공분실에 끌려가 고초를 당하고 있을 시각, 난 또 다른 대공분실이 숨어 있던 서울의 남산을 오르내리며 멜랑꼴리에 흠뻑 젖어 있었다. 대낮에 대학 신입생이 경찰에게 맞아 죽은 사건에서 시작하여 분신과 의문사 등 한국 역사에서 슬픈 죽음이 이어졌던 1991년은 정권이 조작한 '유서 대필' 사건으로 파국을 맞은 해였다. 그때 죽음의 속보를 써 붙이는 일, 합동 장례식이 치러졌던 때 그 많은 영구차의 영정에 붓글씨로 이름을 써 붙이는 것이 나의 일이었다. 난 전국의 이목이 집중된 투쟁지인 학교의 선전부장이었기 때문이다. 그때 고인 가운데 한 사람이 노동운동 때문에 연행되고 정보기관 사람들을 따라 나섰다가 의문의 변사체로 발견된 박창수 씨였다. 그분이 아줌마의 입사 동기였다는 사실을 이제야 알게 됐다.

쏟아지는 별에 가슴 울렁이며 삶을 생각했던 이, 동기의 죽음에 통곡하던 이, 멜랑꼴리에서 조금씩 빠져나온 이, 이들이 스친 일들은 그냥 벌어진 것이 아니라 주변에 대한 생각을 고쳐먹고 용기를 가지려 했기 때문에 일어났으리라. '주변'은 '중심'이 고의로 만들고 강요하는 것이지, 원래부터 주변인 삶은 어디에도 없는 것이다. 그리고 우리에게는 해고 걱정이 필요 없는 일이 무궁무진하다. 주변에는 또 주변이 있기 마련이다. 그 주변을 찾아 우리가 만나서 직접 부딪치는 만큼 그 주변은 35미터보다 높아지고 100만 킬로미터보다 길어질 수 있을 것이다. 사람을 내버려 두는 무능에 빠지지 않는다면 말이다.

평생 금을 밟고 살아온 사람들

그 문제에 국경과 세대는 따로 없습니다

가령 한국 기업이 최루탄을 수출하려 들 때,
수출로 돈 버니 좋다고만 하는 것이 아니라 그 최루탄이
이스라엘의 점령과 봉쇄에 맞선 팔레스타인 사람들에게
뿌려진다는 것의 의미를 생각해 보는 사람들이다.
전기는 참 편하고 아직은 싸지만, 아무리 싸고
편하더라도 전기를 끌어오는 송전탑이
밀양과 같은 지방의 소도시를 희생하여
서울 같은 대도시의 소비를 위해서만 늘어나는 것을
외면하지 못하는 사람들이다. 지금 내가 있는 장소에서
내가 이익을 보고 싸고 편하면 되는 것이 아니라
다른 시간 먼 장소에서 고통 받을 타인을 떠올릴 능력이 있으면
지구 특공대의 일원이요, 지구 시민이라 할 수 있는 것이다.

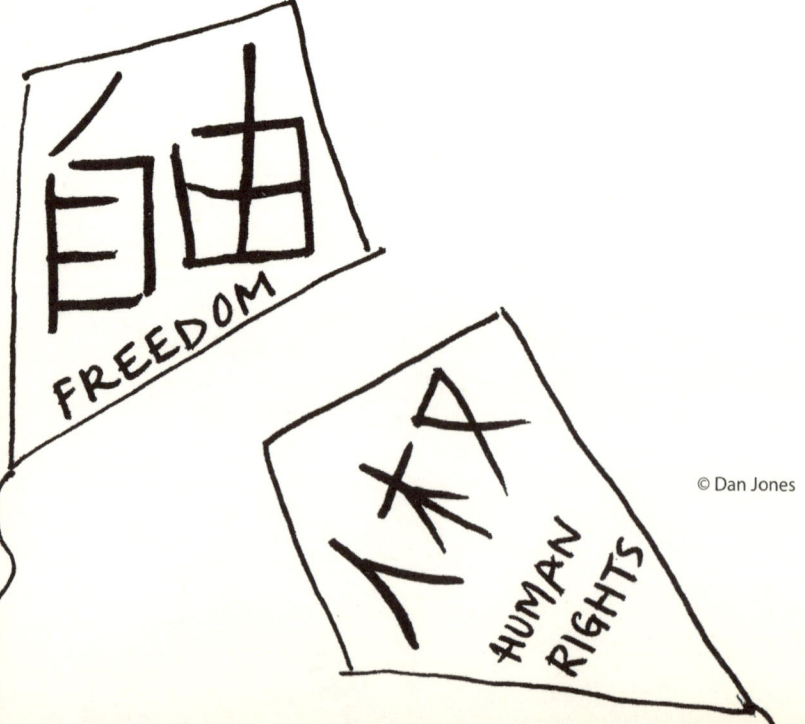

영어에서 전치사 쓰기는 늘 골칫거리다. 안과 밖의 관계를 나타낼 때도 안에 있는지, 밖에 있는지, 안과 밖을 가로지르는지, 그 사이에 있는지 등의 미묘한 차이를 표현하기 위해 여러 전치사가 쓰인다. 그런 단어 가운데 하나가 바로 비욘드 beyond이다. 비욘드는 공간, 시간, 또는 어떤 정도나 수준을 넘어서서 훨씬 더 가는 것을 말할 때 쓰이고는 한다. 우리말로는 '초월한다.' 정도가 어울릴 것 같은데, 비욘드가 됐든 초월이 됐든 뭘 넘어선다는 것은 참 힘든 일이다. 그렇게 뭘 넘어설 때에는 보이든 보이지 않든 늘 금이 그어져 있기 마련이다. 그리고 그 금을 앞에 두고 우리는 눈치도 보고 겁도 집어먹는다. 가끔 용기를 내어 보기도 하지만 쭈뼛거리기 일쑤이다.

지금은 거의 찾아볼 수 없지만 예전 골목에는 필빵, 오징어 등 아이들이 질리지도 않고 저녁 늦게까지 하던 숱한 놀이가 있었다. 그 놀이들에서 제일 중요한 규칙은 '금 밟지 않기'였다. 금을 밟았느니 안 밟았느니 하는 실랑이가 심판 없는 놀이에서 제일 큰 싸움거리였고, 서로 금을 놓고 고집부리다가 결국 "너랑 이제 안 놀아!"라는 선언과 함께 놀이가 파장 나고는 했다. 그렇다고 금을 안 밟고 안전하게 점수를 따려고만 들면 움직임이 거기서 거기기 때문에 놀이가 시시하고 재미가 없다. 결국 금을 밟을 위험을 무릅쓰고 과감한 몸짓을 해야 놀이에 흥이 더해진다.

이처럼 말에서도, 놀이에서도 금과 경계가 중요하듯이 우리 삶에도 수많은 경계가 있다. 놀이에서 금을 밟지 말아야 하듯이 그 경계를 건드리지 않는 것이 사람살이의 규칙이 되고는 한다. 또한 그 금과 경계는 사람 사이의 관계에서 누군가를 밀쳐 내는 기준이 되고, 굵은 선으로 강조하는 권력을 과시하는 동시에 아예 지우고 다시 그리는 도전이 되기 때문에 중요하다.

놀이와 마찬가지로 사람살이도 의도적으로 금을 밟거나 무시하고 넘어서는 일이 없으면 민숭민숭할지도 모른다. 하지만 사람살이에서 경계를 초월하는 이유가 꼭 그런 재미와 자극이 필요하여서만은 아니다. 지금 내가 무엇을 염두에 두고 어떤 결정을 내려야 하는지와 관계되기 때문에 사람살이에서 금을 밟거나 넘어서는 일이 중요하다. 그런데 일반적으로 금을 밟거나 넘어선 사람은 '같이 놀지 못할' 혹은 '어울리지 못할' 인간 취급을 받게 된다. 피부색을 초월한 우정, 국경을 초월한 사랑, 이념을 초월한 협력 등이 빅뉴스가 되는 것은 경계 넘기가 그만큼 어렵다는 반증이기도 하다. 그렇다면 정말 시대를 초월하고 신분을 초월하는 얘기는 드라마에만 있고, 지금 우리 삶에서는 불가능한 것일까?

비욘드라는 말이 딱 어울리는 곳에서 만났던, 평생 금을 밟고 살아온 한 사람이 떠오른다. 구럼비 폭파가 시작되고 얼마 되지 않았을 때였다. 걱정된 마음으로 부랴부랴 찾아간 제주도 강정에서 한 은발의 외국인을 마주쳤다. 머리는 은발이지만 그 누구보다도 활기가 넘쳐 보이는 그이는 멀리 스코틀랜드에서 온 앤지 젤터Angie Zelter라 했다. 초록색 지구가 그려진 보자기를 온몸에 휘감고 다니는 앤지는 그 보자기의 힘 덕분인지, 경찰과 용역의 장막을 신기하게도 뚫고 해군 기지 공사장 안쪽에서 유유히 모습을 드러내고는 했다. 그 모습은 꼭 어렸을 때 본 만화 속 주인공 같았다. 망토를 휘날리며 주근깨 박힌 볼살에 힘주며 지구의 평화를 지키겠다고 다짐하는 지구 특공대 말이다. 앤지는 제주국제평화회의에 기조 연설자로 왔다가 강정 문제를 알고 당분간 눌러 앉았다고 한다. 공사장 안쪽 구럼비 바위를 새처럼 넘나들던 그녀는 어느새 우리 곁에 서 있고는 했다. "우리는 모두 지구라는 행성에 살고 있고 모든 문제는 연결되어 있습니다. 이것은 나의 문제입니다."라고 연설을 한다. '저 다부진 표정, 어디선가 분명 본 적이 있는데…….' '아하, 맞다! 그 사람이다!'

1996년, 나는 런던 앰네스티에서 연수를 받고 있었는데, 어느 날 펴 본 신문 1면에 활짝 웃는 여성 네 명의 사진이 큼지막하게 실려 있었다. "평화의 여성들, 무죄 선고 받다."라는 제목에, 관심을 확 잡아끄는 내용이었다. 그녀들은 그해 1월 영국의 방위 산업 체인 브리티시 에어로스페이스의 호크 전투기에 침입해 주요 조종 장치를 망치로 때려 부쉈다. 그 전투기가 인도네시아에 수출돼 당시 인도네시아의 식민지였던 동티모르의 민간인 살해에 이용된다는 이유 때문이었다. 2002년에 비로소 독립국이 된 동티모르의 당시 인권 문제는 정말 심각했다. "나는 눈물 속에서 태어났고 눈물 속에서 자랐고 눈물 속에서 죽을 것입니다."가 당시 동티모르 인권 보고서의 제목이었다. 30년 가까운 식민 치하 속에서 제목 그대로 대량 학살 등 갖은 만행이 자행되고 있었다. 호크 전투기의 조종 장치를 부순 여성들은 조종석에 동티모르의 학살 희생자 사진을 붙이고 자신들이 한 일을 언론에 전화로 알렸다. 이들은 재판에서 동티모르의 민간인 대량 학살에 사용될 호크 전투기를 무장 해제시킨 자신들의 행동은 유엔의 '집단살해방지협약'에 비추어 정당하다고 주장했다. 또, 영국 정부가 그런 학살 행위를 지원하는 것을 막기 위해 자신들이 온갖 평화적 노력을 다 기울였고, 그 뒤에야 전투기를 무장 해제하는 직접행동에 나서게 됐음을 증언했다. 그 결과 법원은 "더 큰 악을 방지했다."는 이유를 들어 다수결로 무죄를 선고했다.

그 사건 자체도 대단했지만, "영국인으로서 조국을 배신했다."거나 "국가 이익을 망쳤다."는 식의 의례적인 말이 따라붙지 않는 언론 보도와 반응이 정말 대단하게 여겨졌다. 마침 이들의 석방 환영 파티에 같이 가자는 사람이 있어서 "얼씨구나" 따라나섰다. 그런 대단한 사건의 주인공들을 만난다는 설렘도 컸고, 분명 거창한 파티이겠거니 하는 기대도 했다.

　막상 가 보니, 대단하고 거창한 그 무엇은 하나도 없었다. 평화운동을 하는 한 동료의 집에 모여 각자가 싸 온 음식을 나누는 조촐한 자리일 뿐이었다. 단칸 하숙방에 모여서 하는 생일파티와 다를 바 없었다. 다 평화주의자이고 채식주의자라 식탁에는 정말 풀밖에 없었다. 게다가 참석자들의 심한 몸 냄새에 좀 난처했다. 날 데려간 사람의 말을 들어 보니, 샴푸 같은 것은 물론 모든 화학제품을 멀리 하는 생활습관 때문에 그런다고 했다. 문득 피식 웃음이 났다. 대학 때, 생태주의를 따라 해 보겠다고 소금으로 이 닦고 세숫비누로 머리 감고 다닌 적이 있다. 그때 친한 동기 녀석이 "야, 냄새난다. 냄새나. 당장 집어치워라!"고 한마디 날리자 단 삼일 만에 바로 때려치운 기억이 나서였다. 냄새뿐 아니라 열심히 접대하는 집 주인의 옆구리 솔기 터진 옷도 자꾸 신경이 쓰였다. 다른 이들은 대개 구겨지고 떨어진 옷매무새에 신경 쓰지 않는 분위기였다. 모인 사람의 국적도 직업도 다양했다. 시민권자도 있고 난민도 있었다. 그 집에서 나오고 보니 딴 세상에 다녀온 느낌이 들었다. 그때 빛바랜 청바지 속에 남방을 넣어 입은 앤지는 옛 서부영화에서 튀어나온 카우보이 같았다.

　그때의 그녀가 백발이 된 모습으로 내 눈앞에 서 있다. 그것도 제주 강정에 말이다. 1996년과 2012년 사이, 다부졌던 체격의 앤지는 다소 왜소해진 듯했다. 그러나 그녀는 핵잠수함을 무장 해

제시키는 일을 비롯해, 성경의 〈이사야서〉에서 캐치프레이즈를 따 온 "무기로 쟁기를 만들자beating swords into ploughshares"는 군축 평화운동도 계속해 왔다. 그 일에는 내 나라와 딴 나라가 없었고 앤지는 숱하게 여러 나라 감옥을 드나들었다. 강정에서도 마찬가지였다. 2012년 노벨상 후보자라는 타이틀에 국제회의의 기조연설만 멋지게 하고 돌아갔어도 됐을 텐데 강정에 눌러앉은 그녀는 연행됐다. 구속영장까지 신청됐고 추방 위기를 겪었다. 가슴팍을 걷어차이는 폭력과 그에 항의한 단식 등 갖은 고생을 사서 했다.

앤지가 연행된 날, 밤늦게 강정에 도착해 마땅한 잠자리가 없던 나는 하필이면 그녀가 쓰던 매트리스에서 잠을 자게 됐다. 베개 위에 곱게 깔린 수건 한 장, 작은 배낭 하나가 그녀 짐의 전부였다. 잠을 자 보려 했으나 심한 곰팡내 때문에 잘 수가 없었다. 습한 방인지 곰팡내가 가득했다. 그녀가 연행된 덕분에 잠자리를 얻은 우연이 불편하기만 한데, 한 달여를 그 방에서 보냈을 그녀의 고충이 떠올라 더 마음이 아팠다. 그 뒤 앤지는 노벨평화상 후보라는 점이 고려됐는지 추방되지는 않았지만, 출국 명령을 받고 돌아갔다. 지금도 물론 자기가 있는 곳에서 강정 해군 기지를 반대하는 행동을 계속하고 있다.

앤지 젤터가 그런 궂은일을 자초하는 것은 자신을 "지구 시민 global citizen"이라 부르는 신념에서 나오는 것일 터이다. 물론 지금은 오늘 서울에서 〈난타〉를 내일 뉴욕에서 브로드웨이 뮤지컬을 보고 그 다음 날 파리에서 저녁을 먹는 것이 가능한 세상이다. 능력만 있다면야 서울이든 파리든 그 어느 장소의 일원이 아니면서도 안락하게 살 수 있다. 어디서든 돈을 많이 챙기면서도 공공적 책임 같은 것은 안 느끼고 살 수도 있다. 온 지구를 사적으로 이용하며 살 수 있다. 이렇게 국제적으로 노는 사람은 극히 소수겠지만, 어쨌든 그런 사람들을 "지구 시민"이라고 부르지는 않는다. 소위 국제적으로 노는 사람과 "지구 시민"은 그 질이 다른 것이다. 아마도 '시민'이라는 말에 담긴 권리와 의무의 합일 때문일 테다.

전 세계적으로도 극소수인 소위 국제인과는 달리 한 장소에서 붙박이로 갖가지 구속에 매여 사는 한 개인에 지나지 않을지라도, 비행기 한 번 타 보지 못했을지라도 자신을 전 지구 공동체의 일원으로 여기고 사는 또 다른 극소수의 사람도 있다. 그런 사람은 나와 내가 속한 장소에만 좋은 것이 아니라 그 누구에게도 좋다고 말할 수 있는 것을 추구한다. 가령 한국 기업이 최루탄을 수출하려 들 때, 수출로 돈 버니 좋다고만 하는 것이 아니라 그 최루탄이 이스라엘의 점령과 봉쇄에 맞선 팔레스타인 사람들에게 뿌려진다는 것의 의미를 생각해 보는 사람들이다. 전기는 참 편하고 아직은 싸지만, 아무리 싸고 편하더라도 전기를 끌어오는 송전탑이 밀양과 같은 지방의 소도시를 희생하여 서울 같은 대도시의 소비를 위해서만 늘어나는 것을 외면하지 못하는 사람들이다. 지금 내가 있는 장소에서 내가 이익을 보고 싸고 편하면 되는 것이 아니라 다른 시간 먼 장소에서 고통 받을 타인을 떠올릴 능력이 있으면 지구 특공대의 일원이요, 지구 시민이라 할 수 있는 것이다.

물론 그런 생각을 갖고 어떤 행동을 한다고 해서 지구 시민이라는 신분증이 나오는 것은 아니다. 오히려 호통이 당장 달려들지 않을까 싶다. "넌 땅 파서 먹고사냐? 기업이 돈을 벌어야 우리도 먹고살 것 아니야!" 혹은 "당신은 도대체 어느 나라 사람이야? 그러려면 당장 이민 가 버려!" "님비 현상을 괜한 말로 옹호하고 있네……." 그렇게 "너 금 밟았다!"는 호통은 "싫으면 금을 넘어가 너희끼리 살아라!"는 추방의 선언으로 이어지고는 한다.

제주 해군 기지를 반대하는 사람들 보고도 금 밟았다며 호통치는 세력이 있다. "너희는 어느 나라 사람이냐?"고 애국심을 들먹였다가, "왜 강정 사람도 아닌 외부 세력이 금을 넘어 들어오느냐?"고 지청구를 한다. 애국심을 들먹일 때는 '안'의 사람으로 취급하면서 다른 의견에 대해서는 '밖'의 사람으로 취급하는 일이

동시에 벌어지니 앞뒤가 안 맞는다. 반면에 "애국심을 판별하는 금은 도대체 누가 정하는 것이냐?" "왜 금을 그렇게 그었느냐?" "강정 사람이 원하지 않는 일을 강요하는 것이 금 밟는 행위다!" 이러한 의견은 왜 정당한 의견으로 고려될 수 없는 것일까? 지금 그어진 금이 폭력적으로 제멋대로 그어진 것일 때 지우고 다시 그리는 일은 왜 용납될 수 없는 것일까?

있을 수 없는 일이지만, 설령 국론이라는 이름으로 제주 해군 기지 건설에 합의했다고 치자. 그 합의란 지금 여기 대한민국이라는 특정 시간과 공간에 한정하여 국익이라 간주하는 것에 대한 공통 감각과 그에 기초한 합의일 것이다. 과연 그것으로 충분할까?

강정 마을을 메우고 있는 현수막들 가운데서 제일 마음을 울리는 것을 꼽으라면 나는 "돌멩이 하나, 꽃 한 송이도 건들지 마라!" "너 강정아! 너는 한국에서도 가장 보잘것없는 시골 마을이지만, 너에게서 온 누리의 평화가 시작되리라."를 꼽겠다. 일정한 시간과 공간에 한정된 공통 감각과 그것에 따른 합의가 전부는 아니다. 분명 그 외의 것도 있다. 무엇보다 그 합의의 마당에 끼지 못한 타자의 동의는 구했는지 묻고 싶다. 결정권을 무시당한 소수자도 있고, 인간이 아닌 뭇 생명도 있고, 지금의 우리가 아닌 미래 세대도 있고, 또 한국인만이 아니라 앤지 같은 온 누리의 시민도 있다. 이 타자들의 동의는 구했는지 묻고 싶다. 그런 타자들의 동의가 무엇 때문에 필요하냐고 반문하는 쪽은 도대체 무엇으로 자기만 주인이라고 인정받았는지 묻고 싶다.

나는 화약에 찢겨 나가고 있는 구럼비 바위나 그 바위에 산다는 멸종 위기의 붉은발말똥게, 맹꽁이 등은 사진으로밖에 못 봤다. "이제 구럼비 바위에서 놀 수 없는 거예요?"라며 슬퍼한다는 마을의 어린 소녀도 직접 만나 본 것이 아니라 글로 읽었다. 하지만 사진과 글 속의 그네들에게 한없이 미안하다는 사람은 수도 없이 직접 봤다. 내 마음도 마찬가지였다. 죄인 된 심정이 이런 것이리라.

비바람이 몹시 치던 어느 날 해군 기지 공사장 앞에서 휠체어를 탄 중증 장애인과 선전전을 했다. '강정 지킴이'라 불리는 젊은이들이 달려와 "힘드니까 쉬세요."라고 만류했지만, 그분은 한사코 "난 내 할 일을 하러 왔어요. 할 도리를 하고 돌아갈 테니 그냥 놔두세요."라며 자리를 지켰다. 덩달아 나도 그 곁을 떠날 수 없어서 같이 있었다. 그런데 갑자기 그녀의 가슴팍 안에서 낑낑거리는 소리가 나고, 그녀는 "엄마 말 들어, 가만있어!"라고 소리쳤다. '이게 뭔 소린가?' 했는데, 그녀가 우비의 단추를 열자 앙증맞은 강아지가 고개를 내민다. 개의 이름은 샛별이었고 그녀는 자신을 샛별 엄마라고 소개했다. 세찬 바람이 불 때마다 몸서리를 치는 샛별이가 안쓰러웠지만, 샛별은 그곳에 있던 몇몇 사람에게 따뜻한 미소를 안겨 줬다.

샛별이 말고도 해군 기지 공사장 앞에는 '중덕' '평화'라는 이름의 개들이 자주 함께했다. '중덕'은 구럼비 바위가 있는 해안의 이름이 중덕 해안이어서 붙여진 이름이고, '평화'는 모두의 소망을 담은 이름이다. 살벌한 대치 속에서도 몇몇 전경은 교대 때 그 개들이 보이면 친근함을 표시했다. "평화야, 안녕!"이라고 인사를 건네는 전경도 있었다. 집회의 단골 사회자인 '들풀'은 '평화'를 데리고 나온 날은 경찰이 순해진다고 했다. 이름 그대로 평화를 가져오는 개였다. 그렇게 유능한 평화 사절은 따로 없을 것이다. 샛별, 중덕, 평화라는 생명이 인간을 위로해 주고 다리를 놓아 준다. 이름이 불리는 그런 개들만이 아니라 이름 없는 돌멩이 하나, 풀 한 포기가 걸어오는 말을 챙겨 듣자는 것이 바로 지금 강정에서 벌어지고 있는 금 밟기다. 생업과 시간의 족쇄를 끊고 무작정 강정으로 달려오는 사람들은 그런 제 행동을 "강정병에 걸렸다."고 일컫는다. 강정병이란 금 밟기에 동참하며 타자를 만들어 내지 않는 지구 시민이 되는 경험이다.

강정에서 해군 기지 건설 반대 싸움에 나오는 분들은 대개 노인들이다. 그런 노인들을 보면서 싸가지 없이 말하자면, '얼마나 더 오래 사실지도 모르고 보상금 받아서 자식들 주고 떠나면 그만일 텐데, 왜 저리 힘들게 싸울까?'라고 생각할 수도 있다. 지금 여기만 바라본다면 말이다. 하지만 그분들은 '지금 여기'를 넘어선 것을 보고 있었다. 앞 세대에 대한 부채와 다음 세대에 대한 책임을 알고 있었다. 그분들의 그런 인식은 노벨평화상 수상자이며 연대에 관한 저명한 이론가인 레옹 부르주아Léon Victor Auguste Bourgeois의 그것과 다르지 않다. "인간사는 거대한 채무관계"라고 본 그는 "다른 모든 이들의 도움에 근거하여 살아가는 인간 각자에게는 타자에 대한 부채와 책임이 있다."며 그 가운데서도 특히 "앞 세대가 이루어 낸 업적"에 근거하여 살아왔기에 "다음 세대에 대한 책임이 있다."고 했다.

경찰에 연행됐다 자정 무렵에 풀려난 마을 회장님을 처음 뵌 날, 그분은 그 시각까지 마을 회관에서 기다리고 있던 분들에게 이렇게 이야기했다.

"저는 평화, 그게 뭔지 잘 모릅니다. 제가 아는 것은 선조들이 살아왔고, 우리가 더불어 살아온 이곳을 잘 지켜서 후손에게 물려줘야 한다는 겁니다. 우리 아이들이 이곳에서 살아가야 한다는 겁니다. 그런 도리를 다하고 살면 그게 평화 아니겠습니까?"

그러자 거기 모인 모든 분이 일어서서 구호를 외쳤다. "우리는 할 수 있다. 우리는 하면 된다. 우리는 해냈다. 질긴 놈이 이긴다. 독한 놈이 이긴다. 해군 기지 결사반대! 세계의 평화는 강정에서부터! 지화자~ 좋다!"

언젠가 나는 〈미래 세대와의 연대〉라는 글을 써 본 적도 있지만, 솔직히 그게 현실적으로 느껴진 적은 없었다. 그런데 강정에서의 그날 밤 그분들의 얼굴을 빼닮았을 아이들, 또 그 아이들의 아이들이 구체적으로 떠올랐다. 환경 파괴로 인한 지구 종말론 등이 화제가 될라치면 "아, 나는 몇십 년만 살다 갈 거야. 자식도 없으니 그냥 이렇게 살다 가면 돼!"라는 말을 뱉는 사람이 꼭 있다. "그래도 조카들 있잖아? 걔네들 생각은 안 해?"라고 누가 면박을 주면 "아 그런가……." 하게 되지만, 혈연도 아닌 미래 세대를 떠올리는 일은 쉽지 않다. 기혼자이고 아이가 있다 하더라도 "내일 일은 난 몰라요."라며 사는 사람도 많이 본다.

그렇다면 비혼이고 아이도 없는 내가 갖고 있는 미래에 대한 부채 의식은 어떻게 설명해야 할까? 미래에 대한 부채 의식은 직접적인 혈연관계 때문만이 아니라, 사람으로서 가져야만 하고 또 가질 수 있는 '경계를 뛰어넘는 삶에 대한 경외심'에서 나오는 것이 아닐까? 쓰레기에 포위된 아이 사진을 내세운 과격한 환경 포스터가 잠깐 공익 광고라는 이름으로 길에 나붙었던 적이 있다. 그런 방식의 충격 요법을 동원하지 않더라도 미래의 사람을 떠올릴 능력이 오늘의 우리에게 있을 것이다. 어제의 우리들이 오늘의 우리들을 떠올리며 밟아 온 길이 있듯이 말이다.

미래 세대까지 갈 것도 없이 지금의 환경 오염과 그로 인한 대재해는 사실 이에 대해서는 거의 책임이 없는 가난한 나라나 지역에서 감당하고 있고, 환경 난민도 그런 곳에서 대량으로 발생할 것으로 예견되고 있다. 그런 곳은 사람 사는 곳이 아니라 "더 더럽혀도 되고 망가져도 되는 곳"으로 취급되고 있다. 이런 생각이 세계은행World Bank의 내부 메모에서 노골적으로 드러난 일이 있다. 일명 '로렌스 메모'로 알려진 사건이다.

"세계은행이 오염 산업을 덜 발전된 나라들로 좀 더 이전시킬 것을 장려하면 왜 안 되는가? …… 유독성 폐기물을 최저 소득 국가에 버리는 것에 숨은 경제적 논리는 흠잡을 데 없다고 생각되며 우리는 그것을 승인해야만 한다. 나는 아프리카의 인구 밀도가 높지 않은 국가들이 너무 덜 오염돼 있다고 항상 생각해 왔다. 그곳들의 공기 질은 로스앤젤레스나 멕시코시티에 비교할 때 너무 비능률적이다."

이 메모의 장본인은 1991년 12월 당시 세계은행의 책임 경제학자였던 로렌스 서머스Lawrence Summers였고, 이 메모는 환경 단체들에게 입수되어 큰 공분을 일으켰다. 이 메모가 폭로되자 당시 브라질의 환경부 장관 호세 루첸버거Jose Lutzenburger는 서머스에게 반박 편지를 썼는데 "당신의 생각은 타인을 전혀 고려치 않는 것이며, 지나친 단순화와 사회적 무자비함, 많은 의례적 '경제학자'들이 우리가 살고 있는 세계의 성격에 관해 품고 있는 오만한 무지를 보여 주는 구체적 예입니다."라며 "세계은행이 사라지는 것이 최상의 일"이라고 했다.

불행하게도 루첸버거는 이 편지를 쓴 이유로 파면됐고, 반면에 메모의 장본인인 서머스는 클린턴 정부에서 재무장관을 지냈을 뿐만 아니라 하버드 대학교 총장이 되기도 했다. 비슷한 시기에 서머스보다 한술 더 떠서 "경제적으로 말해, (남아공은 예외로 하고) 아프리카의 전체 흑인이 홍수로 실종된다 해도 세계적인 지각 변동은 대체로 없을 것이다."라는 말을 남긴 프랑스의 외교관도 있었다.

그런 자들에게 화를 내자고 이 얘기를 하는 것은 아니다. 나와 다른 저곳에 살고 있는 사람, 미래의 사람에 대한 책임감이 없는 우리는 그런 메모를 쓰거나 말을 뱉지 않았더라도 결국 실천으로 그런 메모와 말을 보여 주고 있는 것은 아닌지 되돌아보게 되기 때문이다.

24시간 텔레비전이 나오는 지금, 질병, 재난, 사고 등 온갖 위험을 예방하고 준비하라는 보험 광고는 짜증 날 정도로 쉼 없이 시청자에게 겁을 주고 있다. 하지만 혹시라도 자신에게 그 위험과 불행이 닥칠 수 있다는 불안을 쉽게 무시할 수 있는 사람은 많지 않기에 수많은 사람이 갖은 보험을 들고 있는 것이 사실이다. 그렇게 먼 미래의 확률 낮은 일에는 '혹시나' 하는 마음을 가지면서, 왜 눈에 뻔히 보이고 책임져야 할 가까운 불행에 대한 책임은 회피하는 것일까? 보험을 드는 만큼의 실천성을 미래 세대에 대해서는 보일 수 없는 것일까?

일상에서는 녹색과 유기농을 강조하는 제품 쪽에 손을 가져가면서, 정작 농부의 삶에는 관심이 없다. 추수 때마다 소위 '아스팔트 농사' 지으러 왔다고 하면서, 국가의 농업 정책에 항의하러 상경한 농민 시위는 짜증스러워한다. 한국 기업이 원전을 수출했다거나 대형 댐 공사를 수주했다는 뉴스에는 환호하면서, 불도저가 밀어 댈 타국의 취약 지역에서 벌어질 생태 위기나 거기에 항의하는 주민을 강제 퇴거시키려 동원된 폭력에는 관심이 없다. 치료약이 없거나 굶주림으로 죽어 가는 먼 나라의 아이를 위해서, 요금을 못내 수돗물과 전기가 끊긴 채 생활한다는 한국의 가난한 아이를 위해서 ARS 모금 번호를 누르지만, 기아와 질병, 화재와 성폭력 등의 사건사고가 뭣 때문에 그 아이들에게 유독 많이 생기는 것인지에 대해서는 알려 하지 않는다.

사실 나 역시 국경과 세대를 넘는 연대, 종의 틀을 넘는 자연과의 연대는 인권 또는 환경 단체들의 선언문 속에서나 상징적으로 등장하는 표현인 줄로만 여겨 왔다. 그런데 좀 어려운 말로 하면, 연대는 '비대칭적'이다. 가는 것이 있으면 오는 것이 있는 관계가 대칭적이라면, 미래 세대에 대한 책임을 지금의 내가 실천하다고 해서 내가 득을 보거나 미래 세대의 사람들이 타임머신을 타고 와서 내게 감사할 일은 없는데도 하는 행동은 비대칭적 관계에서 비롯한다.

바로 그러한 연대의 비대칭성을 강정에서 몸으로 느낄 수 있었다. 오고 가는 것이 없어도 내가 지금 내린 결정과 행동이 미래의 누군가에게 지대한 영향을 끼친다는 엄연한 사실을 모른 척할 수 없음을 알 수 있었다. '내가 사는 동안만 더 나빠지지 않으면 괜찮아.'라는 생각은 로또 당첨을 기대하는 마음 같은 안이함이기도 하다. 윤리적 실천과 담 쌓은 삶을 사는 내가 있는 한 '더 나빠질 것'은 확실한 일이기 때문이다.

하지만 앤지와 같은 지구 시민들, 미래 세대에 대한 책임감으로 6년 이상 헌신해 온 강정 주민들, 전국 각지에서 달려와 말 없는 돌멩이와 꽃의 소리에 귀 기울이려는 이름 없는 개인들을 지켜보다 보면 원래 삶이란 그렇게 구성되는 것이요, 삶은 강요된 금을 밟고 뛰어넘는 경계 위에서 피어나는 꽃과 같다는 생각이 든다.

복지의 불편한 얼굴들

제도화는 감시인가, 안전망인가?

궁핍한 처지의 동료 시민을 타인에게 의존하게끔
만들어서는 안 된다. 어려운 처지의 시민이
변덕스럽고 눈치 보이는 인심에 기대는 것이
아니라 사회적 평등에 입각한 권리를 청구하고
보장 받을 수 있다는 확신을 가질 수 있어야 한다.
그런 사회의 레시피를 적어 본다.
다양한 인간 고통에 대한 차별 없는 공감을 모은다.
그 위에다 평등한 사회적 인권에 대한 정치적 공감을
덧입힌다. 그것을 바탕으로 연대를 규범화한 법과 제도들에 대한
정치적 합의를 이룬다. 그런 제도화된 연대를 맛보고 평가한다.
뜯어고치고 맛본 뒤에 또 평가한다.……
이처럼 보편적 복지 국가의 레시피에는 연대가 소금처럼 들어 있다.

ⓒ 구본주 | 노동. 1992

빈민 가운데도 가끔 유명한 빈민이 있다. 노숙인에서 사장이 됐다는 식의 탈출기, 혹은 구걸부터 앵벌이까지 안 해 본 일 없이 다 해 봤다는 자수성가의 입지전으로 유명해진 빈민 말고, 빈민의 삶 그 자체로 유명한 빈민 말이다. 미국에서 빈민 조직화와 교육 활동을 하고 있는 윌리 뱁티스트Willie Baptist가 그런 사람이다. 그 자신이 홈리스 출신으로서 40여 년 이상 빈민 활동을 벌여 왔다. 2011년에는《빈민의 페다고지pedagogy of the poor》라는 책을 출간하기도 했고 '점령하라!' 운동에서도 큰 역할을 하고 있다. 그의 목소리는 "99퍼센트 대 1퍼센트"라는 구절에 농축된 점령 운동을 이해하는 데 이론적·실천적 지표로 경청된다. "빈민이 투쟁하는 대로 가르치고, 빈민이 이끄는 대로 배우라."는 말에서 잘 드러나듯이, 그의 페다고지는 엘리트에게 빈민을 지도하도록 훈련하는 것을 목적으로 하지 않고, 빈민 스스로 힘을 행사할 수 있다는 데 초점을 맞추고 있다. 뱁티스트는 연설이나 글 등에서 "빈민을 조직화하는 빈민"이라는 표현을 즐겨 쓰는데, 같은 제목의 연설 가운데 이런 것이 있다.

"나는 홈리스였다. 나는 평생 가난했고 지금도 가난하다. …… 가족과 함께 10여 년 동안 복지 급여를 받았다 못 받았다 했다. 노동 연계 복지 급여 수급자로서 나는 눈 치우기 등 온갖 종류의 일을 했다. 배관공으로도 일했다. 정규직 배관공은 시간당 18달러까지 받게 돼 있는데, 나의 복지 급여는 시간당 평균 2.5달러였다. 현재의 노동 연계 복지 제도의 논리는 명확하다. 임금 구조를 그 기초에서부터 파괴하고 생활 수준을 노예의 수준으로 강제하는 것이다. 이윤에 관심 있는 사람이라면 분명히 시급 18달러를 주기보다는 시급 2.5달러에 일할 사람을 원할 것이다. 이것이 오늘날 노동 연계 복지(또는 생산적 복지)를 둘러싸고 벌어지고 있는 일이다.

…… 사람들은 타이타닉 호에서 제일 좋은 의자를 잡으려고 싸우고 있다. 사람들은 그 의자를 어떻게 타이타닉을 벗어나게 해 줄 구명보트로 만들지에 대해서는 얘기하지 않는다. 사람들은 '나는 더 좋은 의자를 원한다.'는 것에 고정돼 있다. …… 상황을 그냥 받아들일 수는 없다. 우리는 해체된 가족, 거대한 세계적 규모로 빼앗기는 일터를 보고 있다. '다운사이징(감량 경영)'이라는 그럴듯한 단어는 결국 사람들이 해고되고 있다는 뜻이다. 그리고 이 직업은 되돌아오지 않는다. 우리는 더 나은 자리를 찾겠다는 것이 아니라 타이타닉을 벗어날 길을 찾겠다는 것이다. 이것이 우리가 접근하려는 방법이다. 역사를 통해 우리가 알 수 있는 것은 각 시기마다 불거진 문제들에 가장 영향을 받는 사람들이 투쟁의 선두에 서야 한다는 것이다. 그렇지 않으면 직면한 문제의 뿌리를 건드릴 수 없다. 우리는 자신의 삶에 직접 영향을 미치는 문제들에 대해 말해야 한다. 오늘날 빈부 격차를 중대한 문제로 본다면, 가장 가난한 사람들이 운동의 지도적 위치에 있어

야 한다. 이러한 생각은 빈민은 게으르고 제정신이 아니고 구제 불능이며 도와야 할 사람들이라는 모든 편견과 반대되는 것이다.

…… 이 싸움은 동정을 구하는 싸움이 아니라 권력을 구하려는 싸움이다. 사람들이 당신을 동정하는 관점을 갖고 있다면 뭔가 성취할 수 없다. 관계는 서로 간에 동료여야지, 불평등한 관계 속의 온정주의여서는 안 된다. 이 나라는 동정심으로 가득 차 있고, 동정심의 영역에서는 엄청난 발전을 누려 왔다. 자선 사업, 사람들을 돕는다는 관념, 자조주의의 관념이 미국인의 정신에는 풍부하다. 이런 생각들은 인간에 대한 진지한 고려를 바탕으로 할 수도 있겠지만, 대부분은 통제를 위한 원천이자 수단이 되어 왔다."

뱁티스트의 이 글을 읽고 나서 내 주변에 이런 얘기를 할 수 있는 빈민이 있나 생각해 봤다. 빈곤 문제에 관한 활동가들 얼굴은 떠오르는데, 정작 실제 빈민의 얼굴은 떠오르지 않았다. 그리고 어렵사리 빈민의 얼굴을 떠올려 보자, 언짢은 감정이 치솟았다. 왜 생각하는 것만으로도 언짢을까? 당혹스러웠다. 나도 내 친구들도 대개는 가난하게 자랐고 여전히 고만고만하게 산다. 그런데 나와 내 친구들은 자신을 빈민으로 여기지 않았다. 우리가 버텨내는 가난은 서로 대견하다고 치켜세워 주거나 서로 이해하고 위로하는 소재였지, 부끄러움과 언짢음이 아니었다. '나는 가난한데 빈민이 아니다?' '빈민을 떠올리니 짜증스럽다?' 혼란스런 내 감정의 결을 찬찬히 들여다보자, 언짢음도 여러 색깔을 띠고 있었다. 일단은 상대방에 대한 안타까움이 먼저였다.

주말 아르바이트를 마치고 밤늦게 돌아오는 길이었다. 간단한 안주거리를 사 들고 한잔하며 피로를 풀 생각으로 발길을 옮기다 문득 멈춰 섰다. 한 사내가 문 닫힌 업소 앞에서 빈 소주병을 담아 놓은 상자를 뒤지고 있었다. 한 병, 또 한 병, 빈 병을 들어 흔들어 보면서 혹시 남아 있을 한 모금의 술을 절박하게 찾고 있었다. 뒤축이 없는 신발, 팔꿈치가 찢어진 웃저고리, 한 귀퉁이가 찢어져 내용물이 곧 쏟아질 지경인 등에 진 배낭……. 가볍게 피로를 풀려던 나의 한잔은 한숨으로 바뀌었다. 한 모금 남은 술을 찾던 그 사내의 절박함이 아른거려서였다.

어느새 그 사내의 뒷모습은 예전에 쪽방에서 맞닥뜨렸던 한 노인의 얼굴과 겹쳐졌다. 쪽방 주거인 인권활동가와 남산 밑의 쪽방을 찾았을 때였다. 우리가 방문하기로 약속돼 있던 분들은 따로 있었으나, 낯선 이들의 출현에 다른 한 노인이 누운 채 방문 밖으로 고개를 내밀었다. "누구시오?"라고 탁하고 힘겹게 말을 토해 내는 그 얼굴에는 죽음이 가까웠고 사람에 대한 그리움이 뭉쳐 있었다. 홀로 누워 고개 말고는 잘 움직이지 못하는 그 노인의 마지막은 어떤 것일지 생각하기도 싫었다.

이러한 안타까움이 인지상정이라면, 상대방이 '걸리적거린다.'는 불편함이나 '뭔가 구리다.'고 상대를 의심하는 것으로 언짢음의 색깔이 나타나기도 한다. 요즘에도 볼 수 있기는 하지만 업소들을 돌며 껌과 초콜릿 등을 파는 사람들이 내 학창 시절에는 참 많았다. 그들 가운데서도 유명한 세 사람이 있었다. 그 세 사람과 학교를 같이 다녔다고 할 정도로 우리는 서로 눈에 익었다. 나와 친구들은 학교 앞 막걸리 집에 등교하듯 늘 앉아 있었고, 그 세 사람도 매일 그곳에 들렀으니 말이다. 땟국이 흐르는 소년, 아기 업은 엄마, 드센 할머니.

그 세 사람에 대한 소문은 많았다. 때에 찌든 소년에게는 조폭한테 붙들려 앵벌이를 한다는 소문이 돌았다. 자주 얼굴을 보다 보니 그 아이는 우리를 "형!" "누나!"라고 부르기 시작했고 끼어 앉아서 밥을 얻어먹기도 했다. 가끔은 학교의 집회장에 나타나기도 했다. 어느 날부터 조폭의 앵벌이가 아니라 운동권을 관찰하는 경찰 프락치일지도 모른다는 소문이 돌더니, 동아리방을 돌며 좀도둑질을 한다는 소문까지 덧붙었다. 불쌍하게 여겨졌던 아이는 어느새 위험인물로 바뀌어 경계의 대상이 됐다.

아기를 둘러업은 엄마는 늘 우거지상을 하고 우는 소리를 해댔다. 아이의 코를 닦아 주지도 않고 세수도 안 시킨 듯 등에 업힌 아기의 얼굴은 언제나 꼬질꼬질했다. 그 엄마는 늘 징징거리는 목소리로 하염없이 한탄을 쏟아 냈기에 그 소리를 막고 싶어서 우리는 얼른 껌을 고르고는 했다. 그녀에 대해서는 "신체 멀쩡하고 젊은데 왜 다른 일을 찾지 않느냐."는 말이 많았고, 그러면 "편하게 돈 버는 일이니까 그렇지."라고 업소 주인들이 거들었다. 그런 비난은 아기가 커서 그 엄마 혼자 돌아다닌 뒤로 더 심해졌다.

반면에, 할머니는 아주 무섭게 껌을 내동댕이치다시피 했다. 껌을 사 주지 않으면 욕을 할 때도 있었다. 할머니의 껌을 사는 아이들은 무서워서 피하려고 그랬다. "저 할머니가 껌 장사로 자식들 다 대학 보내고 집도 몇 채 있는 부자야."라는 소문에다 "살 만큼 살면서 저러고 다니니 절대 도와주지 말아야 한다."는 충고가 잇따랐다.

소문이야 어찌 됐든 우리가 그들의 물건을 사는 첫 번째 이유는 귀찮아서였다. 누가 먼저 나타나든 간에 일단 제일 싼 것을 하나 사서 탁자 위에 올려놓으면 이후 대처가 편했다. 그렇게 이미 샀다는 알리바이를 얻고 나면, 그 다음에 누가 나타나든 우리를 방해할 수 없었다. 그들 자신은 결코 원하지 않았겠지만, 그 세 사람은 '가난한 사람을 어떤 시선으로 보는가?'에 대한 우리 나름의 유형이 됐다. 우리가 껌을 사든 안 사든 가난한 처지야 별반 달라지지 않았겠지만, 우리가 어떤 시선으로 그들을 보는가에 따라서 그 처지가 크게 달라졌으리라는 생각이 뒤늦게 들었다.

몇 년 전부터 복지 논쟁이 본격적으로 떠올랐다. 극빈자에 대한 최후의 돌봄으로 여겨졌던 복지가 어느새 중산층을 포함한 대부분의 사람에게 절실한 요구로 등장했다. 괜찮은 일자리는 줄고 영세 자영업자는 늘어나는데 시장은 대기업이 독점적으로 먹어치우고 있다. 주거 고통, 의료 고통, 교육비 고통, 육아 고통 등 사회적 질병이 늘어 가고 있으니 복지를 얘기 안 하는 것이 이상한 지경에 이르렀다. 그런데 한껏 높아진 복지에 대한 요구 속에서도 빈민과 빈곤 문제를 바라보는 시선은 그 이전과 별반 다르지 않은 것 같다.

 소년을 대하는 우리의 시선은 빈민에 대한 두려움을 잘 보여 준다. 그 아이의 가난은 범죄형 가난이다. 땟국이 흐르고 학령기인데도 학교에 다니지 않는 그 아이는 우범자이고 예비 범죄자이다. 우리에게 그 소년은 언제든지 남의 집 담장을 넘거나 성폭력을 저지를 수도 있는 아이다. 심한 경우에는 '묻지 마 범죄'를 저지를 수도 있는 위험한 빈민으로 분류된다. 위험한 빈민은 동정이 아닌 두려움의 대상이고 위험하니까 관리돼야 한다. 이러한 두려움의 시선을 갖고 있을 때, 복지 제도는 감시자를 파견하는 것과 마찬가지의 역할을 한다. 두렵기 때문에 분리하여 가두고 관리하는 것이다. 가난을 범죄 행위와 연관하여 떠들어 대고 안전 관리 수준에서 대응하는 것이다. 이렇게 되면 복지와 치안의 경계가 모호해진다. 가난한 자와 범죄자를 연관시키면 동정 받을 이웃에 대한 도덕적 책임감을 지워 버리기에 편리하다. 연민과 공감을 혐오와 두려움으로 바꿔치기 하면 처신도 달라질 수밖에 없으니까 말이다.

복지에서 뒷걸음치는 정부들이 치안을 강조하며 생색을 내는 유행에는 이런 배경이 작용한다. 빈곤과의 싸움은 안 하면서 범죄와의 전쟁은 1년 365일 벌일 수 있다. 미국에서 가난한 수감자들, 주로 흑인이나 라틴계 미국인 수감자들이 자신을 범죄자가 아니라 억압적인 정치경제 질서의 희생양이라는 의미에서 '정치범'이라 주장하는 것도, 한국에서 자주 터져 나오는 '유전무죄 무전유죄'의 외침도 같은 선상에서 이해될 수 있다. 최근 한국에서는 보수 일간지의 쉼 없는 캠페인성 기사와 함께 경찰서, 관변 단체의 이름으로 '주폭 척결' 현수막이 동네방네 나붙었다. 내 방에서 안전하게 술을 마시는 나와 길에서 버려진 소주병의 남은 술을 찾던 사내 가운데 누가 주폭으로 걸려들지는 뻔하다. 2011년 8월부터는 서울역 노숙인 퇴거 조치가 내려졌다. 노숙인을 내쫓기 위해 철도공사는 거액을 들여 경비업체를 통해 '특수경비 용역'을 고용하기까지 했다. 이렇게 노숙인에게 강화된 치안은 시민들의 복지로 여겨진다. 그러나 여기 어디에도 진정 가난을 척결하기 위한 복지는 없다.

아기 엄마에 대한 우리의 시선은 경멸과 야유이다. 늘 처지에 대해 불평하고 어렵다고 징징대면서 스스로 노력하여 새 길을 찾을 줄 모르는 의존병에 걸렸다고 그 엄마를 비난한다. 아기를 볼모로 동정심을 유발하려 하는 것도 의존심의 증거일 뿐이다. 이런 이들을 도와주는 것은 밑 빠진 독에 물 붓기니 그런 사람보다는 좀 더 건강한 정신을 갖고 살아 보려 애쓰는 사람, 생산적인 빈민을 도울 필요가 있다고 보는 것이다. 이럴 때 복지 제도는 경멸과 야유의 선전대 구실을 한다. "자립심이라고는 찾아볼 수 없는 복지 노예" "복지에 기대서 애 도시락도 안 싸려는 게으른 엄마"라는 선정적인 메시지를 담은 모욕이 주기적으로 유포되는데, 이렇게 모욕을 주면 알아서 복지 수급자 줄이 줄어들리라는 계산에서 나온 것이기에, 이러한 모욕은 복지의 부산물이 아니라 애초부터 작정한 것이다.

해리포터 시리즈로 유명해져 지금은 세계에서도 손꼽히는 부자인 작가 조앤 롤링도 한때는 복지 보조금에 기대어 하루하루 연명했다. 바로 그 시기에 화제가 됐던 한 복지 관련 기사가 있다. "젊은 여성들이 주거 보조금을 받으려고 일부러 아이를 낳는다."는 영국 복지부 최고 당국자의 비난 발언이었다. 당시 나도 그 기사를 읽었는데, 주거 보조금이란 것이 있다는 사실 자체가 신기

한 한편 '도대체 누기 주기 보조금 빋으려고 아이를 낳겠어? 아이를 낳아 기르는 일이 장난인 줄 아나?'라고 그 기사에 반감을 가졌다. 다른 사회의 사람인 내 눈에도 부당하게 비친 일이었는데, 돈 몇 푼 때문에 아이를 낳은 무책임한 여성으로 비난 받은 당사자들에게는 얼마나 기가 막힌 일이었을까?

최근 조앤 롤링이 영국의 복지 후퇴에 대해 비판한 〈싱글맘 선언〉을 읽을 기회가 있었는데, 조앤 자신이 바로 "주거 지원 때문에 임신을 하는 젊은 여성들"로 비난 받았던 싱글맘이었다. 그녀는 홀로 아이를 키우며 힘들었던 시절 "내 삶이 가장 낮은 곳을 헤맬 때 더 추락하는 것을 막을 수 있었던 그런 사회적 안전망이 있었다."고 회고했다. 한편, 그런 안전망에 가시처럼 꽂혀 자신을 찔러 댔던 모욕을 고발했다. "거저 돈을 받고, 국가로부터 편의를 지원 받고, 쉽게 인생을 사는" 등 사회 퇴보의 원인으로 지목받았다며, 조앤 롤링은 일침을 가한다. 한마디로 "모욕하지 말라!"는 것이다.

마지막으로, 할머니에 대한 우리의 시선은 분노이다. 할머니를 위장 빈민으로 보기 때문이다. 복지 도둑이 진짜 도움을 필요로 하는 이들의 몫을 가로채지 않도록 철저한 감시와 색출의 체계를 갖추는 것이 복지 제도의 필수품이라는 시선이다. 복지도 좋지만 힘써 일하며 고만고만하게 살아가는 사람들의 맥이 풀리는 일이 없어야 한다고 보는 것이다. 그러니 복지를 빙자해 도덕적

해이에 빠지지 않도록 하는 일이 복지 그 자체보다 더 중요하다고 강조한다. 이 경우 복지 제도는 노동 윤리를 강조하는 근엄한 설교자의 역할을 한다. 일하지 않고 먹는 것은 죄악이며, 복지 도둑질은 특히 다른 사람들의 일하려는 의욕을 잡아먹기에 죄질이 나쁜 범죄라고 설교한다.

삶의 가치가 그저 현금 보상이 얼마냐에 달려 있다면, 복지를 통한 전체 구성원의 삶의 안정보다는 당장 내 주머니에 자유로이 쓸 수 있는 돈이 얼마나 들어 있느냐가 더 중요하게 된다. 그러니 복지를 명목으로 내 월급 명세서나 수입에서 세금이 더 빠져나가는 것이 불안하다. 나의 숭고한 노동을 우롱하는 복지 도둑에게 내 피 같은 돈이 가게 될까 싫고 두렵다. 결국 복지 도둑질을 감시하는 것이 복지를 확충하는 것보다 더 중요하고, 노동 의욕을 갉아먹지 않도록 복지 제도를 효율적으로 관리하는 일이 더 중요하다. 그래서 노동 연계 복지란 이름으로 지루한 일, 개인의 소질과 취향과는 관계없는 일을 반복적으로 시키며 모욕을 주어도 괜찮다. 어차피 나도 그렇게 일해서 번 돈이다. 노동은 신성한 거니까 그런 노동을 거부하면 복지도 없다고 엄포를 놔야 한다.

하지만 내 주변의 누군가가 이런 생각을 토로한다고 해서 바로 대놓고 "당신은 왜 그렇게 인정사정없냐?"고 쏘아붙이기는 힘들 것이다. 특히나 요즘처럼 다들 힘들게 살아가는 때에 그런 마음은 십분 이해하고도 남는다. 사실 "일해야 먹고 산다."고 굳이 설교해 주지 않아도 우리는 그것을 온몸으로 느끼며 살아간다. 노동력을 팔아서 돈으로 바꾸어야 살아갈 수 있는 것이 지금 세상의 철칙이고, 조금이라도 더 비싸게 팔기 위해서 다들 아등바등한다.

그렇지만 모두 큰 물음표 하나 품고 살아들 간다. 돈으로 교환되지 않는 노동은 정말 무가치한가? 돈으로 교환되는 노동을 할 수 없는, 또는 하지 않으려는 사람은 정말 무가치한가? "돈 안 되는 일만 골라 한다."고 타박하면서도 그런 사람을 은근히 자유인이나 인격자로 여길 때도 있는 것이 사실이다. 그 "돈 안 되는 일"이 정말 인간적이고 모두에게 필요한 일이라고 여겨질 때 그렇다. 상상하기도 싫은 일이지만, 만약에 내 엄마가 신체가 부자유하여 누워만 있게 된다면, 그래서 나한테 더 이상 김치를 담가 줄 수 없다면 내 엄마는 무가치한 사람인 걸까? 누구 하나라도 그렇게 여기는 사람이 있다면 나는 절대 아니라고 울먹이며 분노할 것이다.

아무리 노동 철칙이 지배하는 세상이라지만 명목상이기는 해도 생존권이라는 인권에 대한 합의가 있다. 국내외 인권 기준에 따르면, 임금 노동 밖에 있는 사람도 인간다운 삶을 살아야 한다. 개인의 책임을 벗어난 사회구조적 문제로 인한 수많은 고통들은 인간의 생존권을 시혜와 자선으로 해결하려 해서는 안 된다는 것을 증언해 줬다. 국제노동기구의 제1원칙은 "노동은 상품이 아니다."라고 못 박고 있다. 생존권은 단순한 임금 보조가 아니다. 모든 사람은 사회의 구성원이라는 이유만으로 사회에 대해 부양을 요구할 권리가 있고 사회는 모든 구성원을 부양할 의무가 있다. 이것이 생존에 대한 인권이다. 그러니 노동 윤리를 복지와 결합시키는 것은 '잘못된 만남'이다.

노동력을 팔아서 사는 삶과 분리하여 생존권을 누구에게나 보장되는 권리라고 주장하면 급진적이며 이상적이라는 꼬리표가 붙고는 한다. 하지만 노동력을 팔아서 생계를 꾸리는 일이 불가능에 가까운 요즘 같은 때에는, 보편적 생존권은 급진적 주장이 아니라 오히려 더 현실적이라 할 수 있다. 또, 인간 삶의 가치를 '시장에서 현금 보상을 받는 일'로만 평가하려는 잣대를 거부하는 것은 이상이 아니라 인간에 대한 기본적인 예의라 할 수 있다. 하지만 복지와 결합된 노동 윤리의 시각은 예나 지금이나 비슷한 것 같다. 시장에서 현금 보상을 받는 일만이 노동이고 그런 노동에 바치는 삶만이 도덕적으로 떳떳한 삶이라면, 먼저 노동에 삶을 바치려야 바칠 수 없는 비정규 불안정 노동의 구조, 장애·노령·질병·실업 등의 인간 고통을 해결해 놓고 떳떳하게 '일하라'고 요구해야 하지 않을까? 불평등의 근원이라는 '땅'을 모두에게 평등하게 나눠 주고 알아서 땀 흘려 살라고 한다면, 노동 윤리와 복지의 결합을 수긍할지도 모르겠다. 그게 안 되기 때문에 마련한 차선책이 보편적 생존권일 것이다.

안타까움, 귀찮음과 의심, 두려움, 경멸과 야유, 분노…… 어느 것이 빈곤에 대한 또는 빈민에 대한 내 감정의 색깔인지 솔직히 나조차도 헷갈릴 때가 많다. 뭉뚱그려 빈곤에 대해서는 안타까워하고 분노하면서도, 현실 속에서 만나게 되는 구체적인 빈민에 대해서는 의심하고 두려워하기도 하는 것이 나이기 때문이다.

{

한 모금 술을 찾아 빈 소주병을 뒤지던 사내에게 다가가 말을 거는 상상을 해 본다. "형씨! 내가 한잔 살까? 도대체 무슨 어려움이 크기에 이러고 계시오?"라고 그의 손을 이끄는 상상 속의 나는 중년의 넉넉한 사내로 바뀌어 있다. 그러나 실제의 나는 여성이고 야밤에 그런 빈자에게 말을 걸 용기가 없다. 물론 내가 상상 속 중년의 넉넉한 사내라도 그런 꼴의 타인에게 괜히 말 걸고 인정을 베풀었다가 곤란에 빠질 수 있다는 두려움 때문에 다가가는 일이 쉽지만은 않을 것이다. 공감 또는 측은지심이라는 말을 참 좋아하지만 이런 경우에는 참 무력하기 그지없다.

복지는 한편으로는 이웃의 고통에 대한 공감을 호소하지만, 다른 한편으로는 비인격적인 법과 관료제의 손에 이웃에 대한 원조와 보살핌을 책임지도록 떠맡긴다. 공감은 지극히 개인적인 감정이고, 공감을 표출하는 자선이나 돌봄의 행위는 구체적인 삶 속에서 구체적인 인간을 향해 일어나는 일이다. 반면에 제도화된 복지는 본 적도 없고 직접 겪을 일도 없는 타인에 대한 의무를 사회구성원 모두에게 요구하고 강제한다. 그런 강제를 통해 사람과 사람이 직접 만나는 인격적 관계가 아니라 관료제의 비인격적 관계에 원조와 보살핌을 떠맡기게 된다. 도움이 필요한 타인은 국가의 정책과 제도라는 보살핌 속에 있는 것이지, 직접적인 나의 보살핌 속에 있는 것은 아니다.

곤궁함으로 인한 자살률이 아주 높다는 한국의 노인들과 연금을 받아 노후를 즐긴다는 타국의 노인들이 비교될 때가 있다. 얼굴도 못 보는 가족이 호적에 있다고 해서 기초생계비조차 못 받게 된 독거노인이 절망하여 자살했다는 뉴스를 볼 때 가슴이 아리다. 옆집에 누가 사는지도 모르는 도시 생활에서 내 동네에도 있을 그런 노인을 어떻게 챙길 수 있을까? 호적으로만 존재하는 가족, 주소로만 이웃인 나 같은 사람의 천륜과 인정만을 운운하는 것은 아무도 아무것도 책임지지 않겠다는 말과 같다.

우리 사회를 운영하는 제도와 조직과 정부는 개인의 선의나 안 보이는 가족의 의무에 기대는 것보다 더 확실하게 일할 수 있다. 나는 모르는 그 노인들에 대해서 정부는 파악할 수 있으며, 부양의무자와 상관없이 모든 노인에게 생존이 가능한 연금을 보장할 수도 있고 일상적인 수발을 돕는 서비스를 제공할 수도 있다. 물론 그런 제도를 강제하는 시민의 힘과 정치적 결정이 전제된 조건에서 말이다. '비인격적 관계'라는 말이 야속하게 들릴지 모르지만, 그런 비인격적 관계망 속에서는 오히려 앞서 말한 술병 뒤지는 사내나 홀로 죽어 가는 노인에게 다가가는 접근이 보장될 수 있다. 공적인 제도와 서비스가 그런 이들에게 다가가는 것은 당연한 의무가 되기 때문이다. 이런 연유로 개인들의 선의만이 아니라 제도화된 연대로서의 복지가 요구되는 것이다.

그렇다고 제도화된 연대가 개인들의 선의와 대립하는 것은 아니다. 제도화된 연대는 개인들의 선의를 좌절로부터 구할 수 있고, 선의를 잃지 않도록 독려할 수 있다. 또 그런 선의가 생색내기 자선이나 모욕으로 굴절되지 않도록 견제할 수 있다.

인권활동가로서 아동 내지 학생 인권에 대해 얘기해야 하는 자리가 많다. 그런 자리에서 응대하기 가장 어려운 고민들은 사회적 대안의 부재이다. 권위와 위계를 옹호하느라 아이들의 인권에 반대하는 의견에 대해서는 원론적으로 반박할 수 있다. 정작 말문이 막히는 고민들은 아이들의 인권을 존중하고 싶어도 권리 존중의 실질적인 수단이 없기 때문에 갈등하는 경우이다. 가정형편이 어려워 제대로 보살핌을 받지 못하는 학생을 발견해 고민하는 교사가 있었다. 교복을 빨아 입지 못하고 오는 아이의 여름 교복을 자기 집에 가져다 빨아다 주기도 하고 학습 교재를 챙겨 주기도 했다. 하지만 아이를 제대로 돌보기에는 턱없이 모자란 시도일 뿐이었다. 그런 교사의 고민에 대해 동료들은 "나도 한때 그렇게 해 봤는데 한도 끝도 없으니 적당한 선에서 체념하라."고 충고했다. 그 아이에게 실질적 도움을 주기 위해 연결해 줄 사회적 안전망이나 복지 서비스는 사막에서 우물 찾기다. 고민하던 교사는 좌절해 갔다.

가정 폭력에 시달리는 아이를 발견했을 때 교사는 법적으로 당연한 신고 의무자에 해당한다. 신고는 할 수 있으나 교사는 고민이 된다. 집에서 분리될 아이가 딱히 보호받을 수 있는 대안이 안 보이기에 당장 집에서 나오게 하는 것이 최선인지 어떤지 판단이 안 선다. 아이의 가정에 필요한 소위 솔루션 프로그램에 해당할 사회적 지원도 없는데 무조건 아이를 격리하는 데 힘을 쏟아야 하나, 그냥 방관해야 하나 속만 타들어 간다. 폭력과 범죄에 연루된 아이를 무조건 다른 아이들과 같이 둘 수도 없지만, 한편 폭력 아동도 교육을 계속 받을 수는 있어야 한다. 선택지가 너무 없으니 교사는 일단 그 아이를 내치고 볼 수밖에 없다. 이런 식으로 나름 애쓰는 개인들에 대한 사회의 대답은 "관심 꺼!"라는 체념의 벽이기 쉽다. 그럴 때 제도화된 연대로서의 지원이 있다면 이들 개인 교사들의 선의는 지속될 수 있고 당연한 의무의 이행으로 전환될 수 있을 것이다.

1

 선별적인 개인적 자선에는 공감이 절대적으로 중요하고 필요충분조건일지 모른다. 하지만 보는 사람의 눈에 따라 타인의 고통은 고통이 아니라 죗값 또는 엄살이나 위장일 수 있다. 고통의 위계를 정하는 것은 고통 받는 쪽이 아니라 돕는 사람 쪽이기 때문이다. 그래서 보편적 복지의 제도화를 추구할 때 공감에 대한 호소란 불안하기 짝이 없다. 복잡하고 익명성이 높은 현대 생활에서는 직접 대면하고 공감하는 고통보다는 공감되지 않는 고통, 공감 가지 않는 사람, 완전한 타자로 여겨지는 이들의 고통을 어찌할 것이냐가 문제 되기 때문이다. 고통에도 윗목과 아랫목이 있는 것이다.

 빈민운동 하는 분한테 들은 이야기로는, 같은 동네에서 같은 빈곤을 대하는 일인데도 가난한 아이에 대한 지원에는 선뜻 손을 내밀지만 가난한 성인에 대해서는 손을 내젓는다고 한다. 아이의 고통에는 쉽게 공감하지만 성인에 대해서는 "지가 잘못 살아서"라는 잣대가 작동하는 것 같다고 했다.

 비슷한 사례를 미국의 장애인차별금지법 제정 운동사에서도 읽었다. 같은 장애라도 아이의 장애는 측은하게 보고 성인의 장애는 보이지 않는 척했다는 것이다. 하지만 장애인차별금지법이 제정되기 이전에는 장애 문제를 차별로 다루지도 않았다. 성차별과 인종차별은 차별 문제로 보면서 장애는 차별로 보지 않은 이유는 여러 가지다. 장애는 의사와 환자 간의 치료 문제, 장애인 자신의 사회 적응 문제, 경제적이거나 기술적인 문제 등으로 봤던 것이다. 그래서 유행한 것이 아이를 이용한 모금 운동이었다고 한다. 동정을 불러일으키는 아이의 이미지를 텔레비전 모금 방송은 선호했고 그렇게 모금된 돈으로 장애가 '치료될 것'이라는 오해를 만들어 냈다. 실제 엄청난 액수가 모금됐지만 TV 방송 그 자체 비용을 충당하는 데 쓰였다고 한다. 그런 방송을 본 장애인들은 장애가 아이에 국한된 것도 치료되는 것도 아닌데, 장애를 가진 성인을 안 보이는 존재로 만들고 장애 차별을 은폐한다며 분노했다. 장애인을 편견과 차별에 집단으로 저항할 수 있고 구체적인 차별 철폐 정책을 추구할 수 있는 존재로 보지 않는다면서 조직을 만들고 저항하기 시작했다는 얘기였다.

 개인들이 저마다 타인의 고통에 대해 공감하는 폭과 정도는 다를 수밖에 없다. 앞서 말한 것처럼 아이의 빈곤, 아이의 장애에 대해서는 선뜻 공감하지만 성인의 빈곤, 성인의 장애에 대해서는 공감이 아닌 다른 감정과 판단이 끼어들기 쉽다. 개인적 자선에서는 고통에 대해 자기 식대로 위계적 분류를 해서 공감에 따르는 책임을 빠져나갈 구멍도 많다. 반면에, 복지 국가는 그런 구멍을 메워 가능한 사회 구성원 모두를 포괄하려는 시도이다. 공감을 강요할 수는 없다. 그런데 복지 국가는 법적으로 강제하는 제도를 주축으로 한다. 그래서 복지 국가에는 공감과는 다른 차원의 작업이 더 요구된다.

우선순위를 두기는 하겠지만, 복지 국가는 다양한 공감을 묶어 세워 빈곤과 장애로 인한 고통에 대해 공통의 울타리를 치고는 한다. 굳이 말을 붙이자면 '공감의 표준화' 작업이다. 개인적인 감성적 공감을 평등한 사회적 권리에 대한 정치적 공감으로 변환시키는 것을 말한다. 개인의 나이나 성별, 출신 등에 개의치 않고 이러저러한 빈곤과 장애는 사회적으로 만들어져 강요된 고통이라고 확인하는 것이다. 장애 자체를 어쩌지는 못하지만 장애인의 이동을 가로막는 계단과 문턱은 사회가 만든 것이므로 고칠 수 있기 때문이다. 누구도 사회적으로 만들어져 강요된 고통을 감내하지 않을 권리가 있고, 사회는 모든 적절한 법적, 행정적, 교육적 및 기타의 조치를 통해 모든 구성원에게 그런 권리를 보장할 의무가 있다. 개인의 선호를 떠나서 이런 권리와 의무를 지지하는 것을 개인적인 감성적 공감과 구분하여 정치적 공감이라 할 수 있다.

프랑스 혁명에서 혁명가들은 "빈민과 요보호자에 대한 원조가 시민권과 인권"이라고 선언함으로써 결핍 상황에서 국가의 원조를 받을 권리를 외쳤다. '구걸'로부터 '생존권'으로 용어의 변화가 일어났고 국가가 보조하는 최저 임금 보장과 일할 수 없는 경우 국가의 생계 보장이 도입됐다. 혁명의 흥망을 타고 곧 후퇴하기는 하지만 이런 정책을 도입한 이유는 "타인의 자선에 의존하는 사람이 정치적으로 동등한 시민으로 받아들여질 수는 없"고 "자선과 연민으로는 개인들의 자유와 독립이 가능하지 않"기 때문이었다. 누군가에게 동정 어린 도움을 받아 본 사람은 안다. 도움이 마냥 고맙기만 하지는 않다. 막말로 티껍고 쪽팔리며, '알량한 몇 푼으로 생색내는구나.'라는 불만이 있지만 상대에게 그런 낯빛을 보일 수 없다. 개인적 관계에서도 그럴진대, 도움 주는 상대에 대해 정치적으로 반대하기란 불가능한 일이다.

따라서 동등한 시민들로 구성된 정치 공동체라면, 궁핍한 처지의 동료 시민을 타인에게 의존하게끔 만들어서는 안 된다. 법 이외는 다른 어떤 것에도 의존하지 않고 생활의 가장 긴급한 필요를 채울 수 있도록 권리로서 보장해야 한다는 것이 사회적 인권의 요점이다. 어려운 처지의 시민이 변덕스럽고 눈치 보이는 인심에 기대는 것이 아니라 사회적 평등에 입각한 권리를 청구하고 보장 받을 수 있다는 확신을 가질 수 있어야 한다. 이런 식으로 사회적 인권은 자선과 사회 정책, 연민과 연대를 구별 지었다.

사회마다 사정은 천차만별이다. 복지 국가라는 같은 간판을 내

걸고 있어도 근거한 철학이나 목적이나 운영 방식은 꽤 다르다. 효율과 경쟁을 강조하며 최후의 동아줄로 최소 복지만 유지하는 것을 바람직하다고 여기는 사회가 있는 반면, 사람 사이의 평등한 연대를 강조하며 보편 복지를 추구하는 사회가 있다. "아파? 난 안 아픈데" "뭐 그런 것 같고 아프다고 해?" "면역력을 키워야지. 저런 엄살에 내 돈을 쓰는 건 결사반대!" 이렇게 말해 주는 사회가 좋을까? 아니면 "○○은 우리 사회에서 공통으로 같이 아파하는 당신의 고통입니다." "당신이 어떤 집단에 속하든 00으로 고통 받고 있다면 우리 사회에는 당신을 돌볼 책임이 있습니다." 이렇게 말해 주는 사회가 좋을까?

나는 후자의 사회가 좋다. 그런 사회의 레시피를 적어 본다. 다양한 인간 고통에 대한 차별 없는 공감을 모은다. 그 위에다 평등한 사회적 인권에 대한 정치적 공감을 덧입힌다. 그것을 바탕으로 연대를 규범화한 법과 제도들에 대한 정치적 합의를 이룬다. 그런 제도화된 연대를 맛보고 평가한다. 뜯어고치고 맛본 뒤에 또 평가한다. 독일처럼 헌법 전문이나 교육의 목적을 열거한 법 조항 속에 연대를 명시한 경우, 스칸디나비아의 사민주의 정당들처럼 복지 국가가 본격화된 시대 이전부터 일찍이 정당의 강령으로 연대 사상을 밝힌 경우, 연대를 최고의 카드로 내밀고 정치적 협상에 나선 노동조합이 강력했던 경우 등 보편적 복지 국가의 레시피에는 연대가 소금처럼 들어 있다.

성장의 한계와 증세 논쟁처럼 복지 논쟁의 핵심은 돈인 경우가 많다. 성장은 파괴의 다른 이름이라는 것을 알면서도 '성장 후 복지'를 말하는 것도, 누진적 조세 없이 불가능하다는 것을 알면서도 국민 공감대가 우선이라고 어정쩡하게 물러서는 것도 결국 돈 문제이다. 물론 복지에 돈은 필요하다. 그런데 진짜 종잣돈은 한정된 경제적 자원이 아니라 공감과 연대가 아닐까? 연대는 물질이 아닌 사람 간의 신뢰에 의지하는 것이고, 단기간 이익이 아니라 진짜 해방을 꿈꾸는 것이다. 앞섰다는 복지 국가의 이런저런 프로그램과 서비스를 흉내 낼 수는 있다. 하지만 복지의 생산 과정에 꼭 들어가야 하는 정서적, 정치적 공감, 연대 의식과 책임의 제도화는 빌려 쓸 수 없는 것들이다. 내가 어떤 정서적 공감 위에서 어떤 정치적 공감을 조직적으로 발휘하는 시민인지의 여부가 내가 누릴 복지 정책과 제도의 맛을 결정하는 것일 게다.

우리 안의 투명인간이 보이지 않는가?

시민이 아닌 사람들과 함께하는 법

강사는 종이 한 장씩을 주고, "자기 인생에서
소중하게 만난 인연, 귀하게 여기는 사람 이름을
열 명만 써 보세요!"라고 했다. '열 명? 그까짓 거' 그런데
오만 생각이 스쳤고 더 이상 채울 이름이 도무지 생각나지 않았다.
강사는 또 덥석 질문을 안겼다.
"자신이 쓴 이름들을 한번 살펴보세요.
그리고 속으로만 제 질문에 답해 보세요."
"당신이 이름을 쓴 사람들 가운데 장애를 가진
사람이 있습니까? 당신과 다른 수준의 학력을 가진
사람이 있습니까? 나이 차가 많이 나는 사람, 성적 지향성이 다른
사람은요? 당신과 국적이 다르고 피부색이 다른 사람은 있나요?"
나뿐 아니라 지금껏 그런 질문을 받아 본 적이 없었을
대다수 참여자의 약간 벙한 표정으로 그날의 교육은 마무리됐다.

© 구본주 | 배 대리의 여백. 1993

지금 생각하면 피식 웃음이 나기도 하지만, 어렸을 때 제 딴에는 참 진지하게 만화 속 영웅들을 흉내 내고는 했다. 어디에나 척척 달라붙는 스파이더맨, 빙빙 돌기만 하면 변신하는 원더우먼, 우주까지 날아다니는 슈퍼맨, 박쥐형 전신 슈트가 너무 멋졌던 배트맨 등을 흉내 내기 위해 보자기, 먼지떨이, 모기장 등 집안의 온갖 물품이 동원되고는 했다. 하지만 제일 부러운 능력을 지닌 투명인간은 따라 할 수 없었다. 큰 담요를 뒤집어쓰고 투명인간이 된 셈 쳐 봤지만 당연히 재미가 없었다. '나 안 보이지?' '안 보이는 셈 치자!'라고 '눈 가리고 아웅'인 규칙을 세워 봤자 놀이가 되지 않았다. 기껏해야 '내가 투명인간이 된다면 무엇부터 할까?'라는 말놀이가 전부였다.

그런데 사회에 나오자마자 어린 시절 놀이에서는 그렇게 불가능했던 투명인간이 쉽게 되었다. 내 주변에도 얼마든지 많았다. 여성인 나를 제외하고 남성들끼리만 혹은 활동가인 나를 제외하고 전문직이라 불리는 사람들끼리만 명함을 주고받는 일을 여러 번 겪었다. 내가 버젓이 지켜보고 있는데 말이다. 그럴 때마다 '내가 안 보여요?'라고 묻고 싶었다. 사회단체 인권 교육에 갔는데 청각 장애인 한 분이 참여했다. 한 번도 청각 장애인을 맞아 본 적이 없었기에 강좌를 마련한 단체 관계자도 강의를 해야 할 나도 당황했다. 수화 통역인은 당연히 초대되지 않았다. 다행히 그분이 입술 모양을 읽어서 상대방을 이해하는 구화법에 능통해서 그럭

저력 강의를 마쳤지만, 지금도 대부분의 교육은 청각 장애인이 교육에 참여할 리 없다는 가정 아래서 계속되고 있다. 이렇게 '안 보이지? 안 보이는 셈 치자.'는 방식으로 사람들을 대하는 제도나 정책, 개인들의 태도가 오히려 더 당연해 보이는 것이 현실이다. 다만 놀이 속의 투명인간이 부러운 능력의 소유자라면 현실의 투명인간은 암울하다는 것이 큰 차이점이다. 그런데 사실 내가 못 보고 있는 투명인간이 얼마나 많은지 잘 인지하지 못하는 경우가 많다.

한 질문을 받고 나서였다. 내가 그런 투명인간의 존재를 제대로 느낀 것은. 1990년대 초반, '한국·일본 인권 교육과 지구 시민 학습'이라는 강좌를 위해 방한한 일본의 인권교육가 아와노 신조오 씨에게 참여형 인권 교육이라는 것을 처음 배웠다. 인권은 의자에 앉아 원칙이나 규범을 일방적으로 교육 받는 것이 아니라 직접적인 활동과 체험을 통해 마음속으로 배우는 것이라 했다. 그래서인지 아침부터 저녁까지 부지런히 몸을 놀려야 하는 프로그램 일색이었다. 이리 뛰고 저리 뛰다가 마지막에야 책상에 조용히 앉아 할 수 있는 프로그램이 있었다. 강사는 종이 한 장씩을 주고, "자기 인생에서 소중하게 만난 인연, 귀하게 여기는 사람 이름을 열 명만 써 보세요!"라고 했다.

'열 명? 그까짓 거' 그런데 막상 쓰려니 그게 만만치가 않았다. 친밀함을 경계로 엄마, 아빠 이름을 쓰고 나니 더 쓸 이름이 없었다. '이 친구? 그래 소중하기는 한데 다른 친구랑 비교해서 더 그런가?' '그 사람? 나한테는 소중한데 그 사람한테 나도 그럴까?' 오만 생각이 스쳤고 더 이상 채울 이름이 도무지 생각나지 않았다. '그까짓' 열 명을 못 채운 나는 손바닥으로 종이를 가리고 주변의 눈치를 살폈다.

그런 상황인데 강사는 또 덥석 질문을 안겼다. "자신이 쓴 이름들을 한번 살펴보세요. 그리고 속으로만 제 질문에 답해 보세요." "당신이 이름을 쓴 사람들 가운데 장애를 가진 사람이 있습니까? 당신과 다른 수준의 학력을 가진 사람이 있습니까? 나이 차가 많이 나는 사람, 성적 지향성이 다른 사람은요? 당신과 국적이 다르고 피부색이 다른 사람은 있나요?" 연이어 질문을 퍼부은 그는 대답을 구하지는 않았다. 나뿐 아니라 지금껏 그런 질문을 받아 본 적이 없었을 대다수 참여자의 약간 멍한 표정으로 그날의 교육은 마무리됐다.

찜찜하게 돌아서서 그 질문을 다시 떠올려 보니 여러 느낌이 들었다. 우선, 장애나 학력에 대해서는 괜히 미안한 마음이 들었다. 내 주변에 장애인이 없고 대학을 안 나온 사람이 없는 것을 폐쇄적이라 비난할 누군가에 대한 방어 심리였을 테다. 성적 지향성에 대해서는 그때는 그게 뭔지도 잘 모를 때라 판단 보류였다. 세대나 연령에 대해서는 어리면 어린 대로 늙으면 늙은 대로 늘 골치 아픈 것이 연령인지라 내 연령대의 고민을 뛰어넘어 다른 나이대의 고민까지 기웃거릴 여유는 없었다. 국적과 피부색에 대해서는 '비행기 한 번 안 타 본 내가 외국인을 만나 친구 될 일이 있겠어? 뭐 이런 질문을 하고 그래? 세계주의적 시민 같은 건 제1세계 사람들이나 하는 소리지.'라는 반감이 들었다.

아무리 곱씹어 봐도 강사가 그런 질문을 던진 의도를 명확히 알아챌 수 없었다. 결국 그냥 '차별하지 말고 다양한 사람들과 어울려 지내라.'는 도덕 지침쯤으로 해석하고 지나쳤다. 그 뒤에 인권 교육을 하면서 직접 그 프로그램을 몇 번 시도해 봤더니 참여자들의 반응도 나와 그리 다르지 않았다. '질문의 의도를 모르겠다.'거나 '뭘 그런 걸 묻느냐.'는 떨떠름한 반응이었다. 하지만 내가 그 질문을 제대로 파악하지 못했다는 느낌이 남아 계속 꺼림칙하기는 했다.

그런데 내가 그 질문의 의도를 찾으려 애쓰지 않아도 자연스럽게 그 질문을 다시 떠올릴 사건들이 그 뒤로 연이어 나를 찾아왔다. 죄다 "한국 사회 최초"라는 수식이 붙게 된 사건들이 이어지면서 투명인간들의 망토가 벗겨진 것이다.

1994년 겨울에는 눈이 아주 많이 내렸다. 서울의 명동성당에는 눈밭에 하얀 비닐 천막이 섰다. 네팔에서 온 이주 노동자 14명이 목에 쇠사슬을 건 채 "때리지 마세요. 욕하지 마세요."라는 팻말을 들고 농성을 했다. "우리에게도 인권이 있습니다."라는 말은 벼락처럼 한국 사회를 때렸다. 사회단체 사무실에서 비슷한 내용의 기자회견이나 집회는 있었지만 거리로 뛰쳐나온 이주 노동자 농성은 한국 땅에서 처음 벌어진 것이었다.

인권이라는 말이 그리 대중적이지 못한 시절이었다. 1970~80년대 민주화 운동 속에서 한국 사회가 주로 썼던 말은 인권이 아니라 민권이었다. 대한민국 국민으로서 군사 독재 정권으로부터 국민 된 대접을 받고 있지 못하다는 인식에서 민권이라 했을 테다. 그렇게 1990년대 초반, '민'을 국민보다 더 적극적인 의미의 시민으로 부르게 된 것만으로도 큰 변화였는데, 생판 다른 얼굴의 사람들이 그 시민의 권리보다 더 포괄적인 의미의 인권이라는 생소한 개념을 들고 등장했으니 당연히 벼락 맞은 듯한 충격을 받은 것이다.

나와 동료들은 지지 방문을 하러 그 이주 노동자들의 농성장인 비닐 천막을 찾았다. 석유 곤로가 피워진 천막 안은 환기가 안 된 채 석유 가스 냄새, 발 고린내, 낯선 향료 냄새가 뒤섞여 참기 힘든 악취를 만들고 있었다. 그렇다고 거기서 먹고 자는 사람들 앞에서 찡그릴 수는 없기에 표정 관리하는 일 역시 고역이었다. 그 무엇보다 낯선 얼굴의 사람들의 외침이 주는 충격 앞에서 아무 말도 할 수 없었다. 고작 손가락으로 브이를 그리며 "빅토리"라고 응원했을 뿐이다. '당신들이 말하는 민권은 아직 한참 멀었어. 한참 더 열려야 인권이 되는 거야.'라는 가르침을 받아 안고 돌아왔다.

1995년에는 학생인권선언이 등장했다. 방과 후 강제자율학습이 헌법이 보장한 행복 추구권을 침해한다며 강원도의 한 고등학생이 헌법 소원을 하겠다는 내용으로 컴퓨터 통신망을 통해 글을 올렸다. 교육 당국의 방해로 실제로 헌법 소원을 내지는 못했지만 이미 그 학생의 인권선언은 전국적인 사건이 돼 버렸다. "저의 바람은 아주 상식적인 것입니다. 방과 후의 시간을, 방학 동안의 시간을 당연히 학생들 자신의 적성에 따라 활용할 수 있도록 학생 개개인에게 돌려달라는 것입니다."는 그 선언은 오늘날 학생인권조례의 모태라 할 수 있다.

최초의 행진들은 계속됐다. 1995년에는 최초의 동성애자 커밍아웃이 있었고 동성애자 인권 단체가 결성되었다. 당시《인권하루소식》이라는 인권 신문을 만들던 내 소속 단체의 분류표에도 없던 '성소수자 인권'이 그렇게 인권의 목록에 추가됐다.

1996년 제1회 인권영화제에서는, 미국의 커밍아웃한 동성애자로서 최초로 샌프란시스코의 시정 감시관으로 선출됐던 하비 밀크의 생애를 그린 다큐멘터리《하비 밀크의 시대》가 상영됐다. 여러 동성애자 인권 단체 회원이 무대에 올라 "우리 얘기를 해 주는 영화를 한국의 공식 무대에서 만나게 돼서 너무 감격스럽다."는 인사를 했다. 객석에는 화려한 빛깔의 옷차림들이 넘쳐났고 그네들이 공식적인 외출을 나왔음을 보여 주는 듯했다. 얼마 전 2012년 제17회 인권영화제 개막식에서 게이 합창단 '지보이스G_Voice'가 청계광장의 야외무대를 꽉 채운 목소리로 축하공연을 했을 때 객석에서 광장으로 이동한 목소리의 전진에 흥이 절로 났는데, 16년 전 최초의 사건이 없었다면 상상할 수 없는 일이었지 않나 싶다.

1996년 겨울에는 에바다 복지회의 농아원생 육십여 명이 재단 측의 비리와 인권 유린을 고발하며 천막 농성을 시작했다. 당시 원생들이 대통령에게 쓴 편지에는 이런 구절이 있었다. "대통령 할아버지, 꼭 우리의 눈물 흐르는 호소를 들어 주셔서 혹시 우리를 무시하는 사람이 있어도 우리 장애인을 도와주는 대통령이 있는 나라에서 살고 있다는 희망을 심어 주세요." 강제 노역과 성추행 등 폭행을 당했던 학생들의 절절한 호소였다. 하지만 그 호소가 응답을 받기까지 재단과의 싸움은 7년을 끌었다. 그 싸움의 중간에 휠체어를 탄 중증 장애인 활동가와 내 소속 단체의 활동가가 구 재단 측으로부터 얼굴에 똥물 세례를 받기도 했다. 시설을 내줄 수 없다는 똥고집의 발악이었다. 물론 참으로 화나는 일이었지만, 한편으로는 이상한 기분도 들었다. '둘이 나란히 똥물을 뒤집어썼네!' '두 사람 다 인권활동가네, 둘 다 내 동료네!'라는 기분 말이다.

어느새 그런 일이 벌어진 것이다. 장애를 가졌다는 이유로 학교에서나 사회에서나 만나 볼 수 없었던 사람들을 장애인권운동으로 접하게 된 것이다. 그것은 더 이상 비장애인들이 대신 말하거나 엘리트 장애인이 중심이 되는 '장애 극복 인간 승리' 드라마가 아니었다. 중증 장애인들이 방 밖으로 나왔고, 비장애인들이 일방적으로 '무성'이라고 정의했던 장애 영역에 여성 장애인들의 목소리가 출현했다. 장애인 노점상의 잇따른 죽음과 곪다 못해 터져 나온 시설의 인권 유린 속에서 1990년대 장애인운동은 취업, 정치, 교육, 교통과 편의 시설 등 사회 전반에서 인권을 제기했다. 세계인권선언에도 안 나오는 '이동권'이라는 말을 인권의 대명사처럼 인식되게 만든 '장애인이동권연대'의 활동이나 영화 상영 등으로 전국을 들끓게 한 일명 '도가니' 사건 등의 전례가 무관심 속에서 이미 진행됐고 무르익었던 것이다.

투명인간의 이름은 권리가 없는 사람이라 하여 무권리자요, 시민들과 구별하여 비시민이요, 사실은 목소리가 있지만 듣는 사람이 없기에 보이스리스(voiceless)이다. 하지만 원래부터 투명인간인 사람은 없다. 영화나 만화, 소설에서도 망토를 뒤집어쓰거나 무슨 약물을 먹어서 투명인간으로 변신하듯이, 사회에서 씌워진 편견이나 퍼부어진 모욕, 그것이 제도화된 법적, 체계적인 배제로 인해 투명인간으로 만들어지는 것이다. 투명인간이 안 보인다고 해도 투명인간이 쥐고 움직이는 사물은 눈에 띄듯이, 투명인간의 움직임은 늘 포착된다. 이 사회가 '없는 셈 치는' 사람들을 두려워하여 감시하고 단속하려 분주하기 때문이다. 그런 분주함 자체가 '없는 셈 치고'라는 전제가 거짓임을 말해 주는 것이 아닐까?

이렇게 속속 투명 망토를 벗어젖히고 등장한 사람들과 사건들 속에서 나는 앞서 강사가 던졌던 질문을 되짚어 보게 됐다. 또 그 질문을 받는다면 나는 어떻게 답할까? 나의 자리에 엉덩이를 고정시킨 채로는 아무리 그 질문을 되풀이해서 받아도 내 명단에 오를 사람은 뻔하리라는 생각이 들었다. 나한테 편하고 익숙한 사람들만 후보군이 될 것이다. 조금 불편하거나 낯선 사람들은 내가 뭔가 쥐어짜내야만 보일까 말까 한 그런 존재에 머물 수밖에 없다. 그렇게 쥐어 짠다는 것은 결국 나를 상식 있고 저항하는 시민 쪽에 놓고, 다른 사람들을 그렇지 못한 비시민의 자리에 놓지 않는다면 나올 수 없는 행동이니 말이다. 결국 나는 누구에게는 분노와 훈계를 가하고 또 누구에게는 더 많은 돈과 서비스를 나눠 주려는 노력을 시민의 의무라 여겼다.

그러나 최초라 일컬어지는 사건들을 연이어 맞닥뜨리면서 내가 자임한 나의 자리 자체가 문제라는 것을 어렴풋이나마 알 수 있었다. "자기 인생에서 소중하게 만난 인연, 귀하게 여기는 사람 이름을 열 명만 써 보세요!"라고 했던 그 강사의 의도는 친밀성에서 소중한 인연을 찾아보라는 것이 아니라, 내 친밀성이 만들어진 그 틀의 한계를 깨달아 보라는 것이 아니었을까? 내 위치에서 볼 때 불행해 보이는 저쪽 편에 좀 더 나눠 주면 된다는 정의감의 오류, 내 위치에서 낮아 보이는 누군가를 고려하고 봐준다는 착각을 깨야 관계의 틀이 달라질 수 있다는 이야기가 아니었을까?

그런 위치에서 나오는 정의와 관용이라는 관계의 틀 속에서는 내가 자임하고 자신한 나의 자리도 언제 깨질지 모르는 불안전한 것이다. 가령 시민권 소유자들이 아주 당연히 여기는 권리 가운데 하나가 '이동의 자유'이다. 그런데 길이 뻥뻥 뚫리고 자가용이 많아질수록, 공공 교통수단이 철수하는 지역의 노인들은 스스로 이동할 수 없어 그 자리에 묶일 수밖에 없는 것이 현실이다. 강제 야자와 학원으로 이동하는 규칙에서 이탈하는 청소년은 이탈과 동시에 우범 청소년이 된다. 남들 출퇴근하는 시간에 왜 걸리적거리게 나돌아 다니느냐는 지청구를 듣는 장애인은 외출도 연애도 교육도 출퇴근도 할 수 없는 비시민이 된다. 이동을 경계로도 이렇게 숱한 비시민들이 양산되고 있다. 나는 언제까지 이동이 자유로운 시민이리라고 자신할 수 있을까? 물론 지금은 움직이기를 귀찮아해서 그렇지 이동에 별 불편이 없다. 그런데 운전을 할 줄 모르고 배울 생각도 없는 귀촌 희망자인 나는 공공 교통수단이 철수한 지역에서 발 묶여 살 것이 두렵기만 하다. 스스로 이동할 수 없으면 큰 민폐가 될 거라는 협박 내지 조언을 지금부터 벌써 듣고 있다.

명목상 시민인 사람들과도 구분되는 이동권의 최하위 자리에는 이주자가 있다. 앞서 강사의 질문을 받았을 때는 비행기 한 번 못 타 봤던 나였는데 그 뒤로는 국제 인권운동의 바람을 타고 국경을 넘나드는 경험이 많아졌다.

한번은 버스로 프랑스 국경을 넘게 됐다. 제네바의 유엔인권센터에서 아동권리위원회를 참관하고 당시 연수중이던 런던으로 돌아가던 길이었다. 제일 싼 이동편이 버스였는지라 나를 비롯한 이용객들은 비행기나 기차 승객과는 소위 때깔이 좀 달랐다. 국경선에서 버스가 서고 매의 눈을 한 프랑스 경찰이 올라타자 다들 움찔했다. 나는 유럽에서 배타적으로 대하지 않는 대한민국 여권을 가졌기에 머리로는 안심했지만 그래도 괜히 심장이 쿵쾅대는 것은 어쩔 수 없었다. 경찰은 버스 안을 매섭게 훑고는 한 청년을 지목해서 데리고 내렸다. 아랍계로 보이는 청년은 커다란 배낭을 매고 버스를 탔는데 경찰은 청년의 몸만 데려갔다. 10여 분이 지났다. 불안했다. 청년은 돌아오지 않았다. 운전사는 그냥 시동을 걸더니 출발했다. 그 청년이 돌아오지 않았다고 말하는 사람은 아무도 없었다. 이방인이고 말에 서툰 내가 할 수 있는 거라고는 걱정뿐이었다. 이방인으로 그 청년이 당할 고초와 전 재산인 듯 보였던 두고 간 배낭에 대한 걱정이었다. 그렇게 데려갈 거였으면 배낭이라도 돌려줘야 할 것 아니냐고 속으로만 소리를 질렀다. 무거운 침묵 속에서 버스 엔진 소리만 커져 갔다.

그 아랍게 청년처럼 끌려간 것은 아니지만 비슷한 일은 내게도 곧 벌어졌다. 횡단보도에서 신호를 기다리고 있는데 누군가 내게 다가와 침을 뱉었다. 다행히 침은 발등 위로 떨어졌다. 그리고 "너희 나라로 돌아가!"라는 험한 목소리가 귓전을 울렸다. 다시 한 번 공격할 기세였지만 발도 입도 얼어붙어 도망치지도 맞서지도 못했다. 내가 알고 있는 수많은 인권 목록은 머릿속에서 분해돼 버리고 난 그저 죄 없이 떨고 있는 이국땅의 동양인 여자일 뿐이었다.

그때의 충격에 보태진 경험이 또 있다. 나는 그대로인데 경계가 바뀌면 같은 경험이라도 달라진다는 것을 그 일로 알게 되었다. 아시아 지역 인권 워크숍을 마치고 돌아오던 태국 공항에서였다. 눈에 확 띄는 빨간 줄무늬 셔츠를 똑같이 입은 청년들이 공항 바닥에 줄지어 앉아 있었다. 승객들을 위한 의자를 놔두고 말이다. 나는 그 옷이 유니폼 같아서 "축구 선수들인가? 근데 왜 의자를 놔두고 바닥에 앉혀 뒀지?"라고 혼자 중얼거렸다. "한국으로 가는 이주 노동자들이에요. 브로커들이 도주를 막고 편하게 관리하려고 저런 옷 입히고 바닥에 줄 맞춰 앉힌 거예요." 함께 있던 이주 노동자 단체 활동가가 내게 알려 줬다. 나와 같은 비행기를 탄 그들은 첫 비행인지 흥분하여 좌석을 오가며 기대와 설렘을 나누는 들뜬 분위기였다. 하지만 그들이 한국에서 곧 겪게 될 상황을 그려 보니 그 앳될 만큼 젊은 얼굴들이 내게는 처연하게 보였다.

그들이 한국에서 일상적으로 겪게 될 공포를 나도 곧 간접경험하게 됐다. 내가 일하는 식당 주방에서였다. 10여 년 전 처음 아르바이트를 시작할 때는 안 그랬는데 요즘에는 주방 일을 하는 분들 가운데 중국에서 온 분들이 더 많을 때가 있다. 어느 날 주방 안으로 갑자기 양복 입은 사내 둘이 들이닥쳤다. 그들은 가게 안에 들어서서 그 누구에게도 자신들이 누구인지 밝히지도 않고 곧장 주방으로 들어왔다. 마침 가게에는 사장도 없었다. 무례한 그들은 다짜고짜 주민증을 내놓으라 했다. 그제야 출입국 관리소에서 나왔다는 말을 했다. 주민증이 없는 사람에게는 주민번호를 외우라고 시켰다. 동료 아줌마는 벌을 서듯이 부동자세로 주민번호를 외웠고 나는 강제로 주민증을 내보여야 하는 그 상황이 수치스러웠다. 다행히 그날 주방에는 한국인들만 있었기에 더 이상의 수모는 겪지 않았다. 그저 그들이 주방에 채워 놓고 간 공포를 들이마시며 가슴을 쓸어내렸다.

그러고 나서 이런 자문이 들었다. '만일 그들 말대로 소위 불법 체류자가 발각되어 끌려 나가는 일이 벌어졌으면 나는 어찌했을까?' 상상만 해도 눈앞이 캄캄해졌다. 아랍계 청년을 끌고 간 버스 안에서처럼 잠자코 지켜봤을까, 도대체 왜 이러냐고 몸싸움이라도 했을까, 과연 난 뭘 할 수 있었을까?

경계가 바뀐 곳에 서 있을 때마다, 나는 나 그대로였지만 내 이동의 의미는 달라졌다. 나 자신이 투명인간이 될 수 없는 것처럼 존재 자체로 불법인 사람은 없고, 존재 자체로 무권리자인 사람도 없다. 하지만 투명인간처럼 없는 셈 치면서, 투명인간의 움직임만을 포착하려 드는 사회는 "우리는 너의 감정과 생각은 필요치 않다. 너의 손만 필요하다. 너의 등짝과 다리만 필요하다."며 사람을 온 존재로 받아들이지 않고 마치 기계처럼 일부 요소만 뽑아 쓰는 것을 당연하게 여긴다. 사람을 전 인격으로 여기지 않고 부품으로 여기는 사회에서는 시민의 자리조차 안전하다고 자신할 수 없다.

영화나 만화, 소설 속에서 투명인간으로 인해 보통 사람들의 비밀이 드러나듯이, 어쩌면 비시민을 통해 시민의 참모습이 적나라하게 드러나는 것은 아닐까? "때리지 마세요. 욕하지 마세요."라는 팻말을 든 투명인간이 우리에게 하고 싶은 말은, 때리고 욕하는 이들을 나와는 상관없는 일이라 그냥 방치하면 언젠가 우리도 욕먹고 맞는 투명인간이 될 수 있다는 경고일지도 모른다.

지금의 시민이 예전에 그랬듯이, 지금 비시민인 사람들이 그 자리에 투명인간으로 있지 않고 망토를 벗고 목소리를 내는 일은 극히 정상적인 일이다. 잘 알려져 있듯이 인권 혁명의 3대 구호는 자유, 평등, 우애이다. 그러나 과거의 사치품을 오늘날 일상용품으로 구비해 사용하듯이 구시대 일부 지배 계급의 특권이었던 것을 모든 사람의 권리라는 이름으로 단순히 평준화시키는 것이 인권 혁명의 목적은 아니었다. 인권 혁명은 권리 목록을 나열하고 획득하는 데 그친 것이 아니라, 사람과 사람 간의 관계 맺기의 틀을 새로 짰다. 그 증거가 바로 자유, 평등, 우애이다. 무엇보다도 우애를 이루는 고대 그리스·로마의 '시민의 우정'과 기독교 전통의 '형제애'가 그 증거이다. 더구나 우애는 단순히 두 개념을 끌어들이기만 한 것이 아니라, 그 과정에서 두 개념의 성질 변화가 동반됐다.

'시민의 우정'이란 모든 시민은 평등한 권리와 자유를 가졌으니 당연히 모두가 공적 문제에 참여해야만 한다는 뜻이다. 여기서 시민은 가정사나 먹고사는 일에 얽매이지 않고 공적인 일에 참여하는 이였고, 그들 시민 간의 관계는 사적인 친밀성으로서 우정이 아니라 공적인 의미의 정치적 우정이었다. 따라서 최선의 친구란 곧 최선의 시민과 같은 말이었다. 하지만 시민의 우정을 누릴 수 있는 사람은 엄연한 위계질서의 사회에서 지배자였고, 여성과 노예 등은 거기서 철저히 배제되었다. 그래서 '우애'는 '시민의 우정'이라는 개념을 가져오면서 '시민'이라는 틀마저 깨고 나왔다. 위계적 질서에 의존한 구시대의 배타적 연대를 깨부수고 공화국을 구성하는 모든 시민 간의 것으로 관계를 평등화시킨 것이다. 엘리트주의적 배타주의가 보편주의로 이동된 것이다.

'기독교의 형제애'는 흔히 '형제'라는 비유 때문에 타인을 가족처럼 사랑하라는 가족애의 확장으로 인식되고는 한다. 하지만 그것은 '기독교의 형제애'에 대한 아주 편협하고 지엽적인 해석이다. 그보다는 조물주 앞에서 만인은 피조물로서 평등하며 모든 인간은 신의 자녀라는 뜻에 더 가깝다. 그것은 오히려 혈통주의를 벗어난 만인의 평등을 말한다. 진정한 형제애의 개념은 모든 노예제에 반대했다. 즉, 진정한 형제애의 눈으로 보면 이방인, 노예, 가난한 자 모두가 형제이다. 그렇기에 '우애'는 가족애의 확장 같은 편협한 형제애 개념에서 벗어나 보편적이고 폭넓은 형제애의 개념으로 나아갔다. 신의 명령으로서의 사랑이 아니라 인간이 인간에게 서로 인정해야 할 관계의 이야기로 초점을 바꿨고, 평등한 정치적 자유의 수립이 새로운 형제애의 과제가 됐다.

'시민 간의 우정'과 '형제애'가 우애를 구성하면서 새로운 맥락 속에 이식되어 급진적으로 재해석되었듯이, 우애 또한 정치적, 경제적 예속에 맞서 재해석되고 새로운 과제를 상대하면서 다양한 연대 개념으로 변신하게 된다. 배제에 반대하고 포함을 열망하는 것이 그 변신의 추동력이었다. 변신에는 늘 도전하고 도전받는 사람들이 속해 있는 틀에 대한 재고려가 있었다. 판을 새로 짜지 않으면 당대의 투명인간이 드러나거나 입장할 수가 없기 때문이다.

흔히 관용은 누군가를 너그러이 봐주는 태도로 긍정적으로 받아들여지고는 한다. 허나 "새 술은 새 부대에"라는 성경 구절에 빗대어 보면, 관용은 헌 부대에 해당하는 기존의 틀에 구겨 넣는 것이기도 하다. 그것은 내 위치를 고정해 놓고 그 위치에서 낮아 보이는 누군가를 고려하고 봐준다는 착각일 수가 있다. 그런 관계 틀에서는 '없는 셈 치고'의 관계를 맺게 된다. 반면에 봐주기가 아닌 적극적 관심으로 대치된 틀은 '네가 보여, 네 목소리가 들려!'라는 반응에서 시작한다.

그 누구라도 언제든지 다시 내게 종이를 내밀고 소중한 사람 열 명만 써 보라고 할 수 있다. 그때 나는 떨떠름하고 꺼림칙한 느낌을 벗어나 목록을 작성할 수 있을까? 깨인 시민인 내 자리를 고수하며 표정 관리를 하려 들까? 추상적으로 취약한 사람이 아닌 구체적인 사람을 떠올릴 수 있을까? 이런 물음에 자신 있게 대답하는 것은 여전히 어린 시절 '투명인간' 놀이처럼 불가능한 도전일지도 모른다. 하지만 봐준다는 착각인 관용으로부터 적극적 관심인 연대로의 변신은 시민의 자리마저 위태롭고 비시민의 존재를 더 이상 무시할 수 없는 이 시대의 당연한 변신이 아닐까?

그러기에 나는 내가 아닌 다른 사람의 위치에서 투명인간의 망토를 뒤집어쓰고 세상을 보는 시도마저 멈추지는 않을 것이다.

좋은 인디언은 죽은 인디언뿐?

내가 아는 장애인은 다 죽었다

이 세 사람 말고도 내게 찾아왔으나 내가 관계 맺기를
거부하고 부고를 들은 뒤에야 관계를 복기해 본 일은
더 많이 있다. 그런 탓에 이렇게 "내가 아는 장애인은 다 죽었다."
라고 쓰게 된다. 써 놓고 보니 무시무시한 느낌이 든다. 그렇지만
이것이 사실인 것은 어쩔 수 없다. 더 무시무시한 것은
"좋은 인디언은 죽은 인디언 뿐"이라고 뇌까렸던
백인 인종차별주의자들과 내가 별반
다를 바 없다는 사실이다. 불편한 존재로 여기고
거리를 두며, 공동 책임을 지는 것이 아니라
면피용 연민을 소모해 온 나에게 좋은 장애인이란,
거리가 있고 내게 불평하지 않는 장애인인 것이다.
이제 내가 품어 온 장애인의 이미지와 태도를 죽여야 한다는
생각이 들었다. 그렇지 않으면 내가 아는 장애인들은
계속 죽어 갈 것이 뻔하다.

© 구본주 | 파랑새, 1998

2011년 새해 벽두에 한 장애인이 사망했다. 그의 이름은 우동민. 12월 24일이 생일인 그는 나보다 한 살 적은 분이었다. 크리스마스이브에 태어났으니 모두가 부러워할 탄생이라 짐작하겠지만, 그는 언어 장애가 심한 뇌병변 장애인으로 살다 갔다. 전혀 모르는 이였지만 문상을 갔다. 그럴 수밖에 없었던 이유는, 나는 하지 않은 일을 그는 열심히 하다 죽었기 때문이다.

　　국가인권위원회가 정권의 낙하산 인사와 흔들기로 제구실을 못한다는 비판이 몇 년째일 때였다. 한겨울에 국가인권위원장 퇴진을 위한 농성을 하는데, 농성장을 지킨 사람은 대부분 장애인 활동가였다. 나 같은 비장애인들은 늘 시간이 없다고 동동거리며 중요한 집회 때만 얼굴을 내밀고 종종걸음으로 사라질 때, 붙박이처럼 자리를 지킨 이는 그들이었다. 미안해하는 우리에게 그중 어떤 활동가는 "직장도 학교도, 우린 갈 데가 없어요. 여기라도 나와 있어야 사람들도 만나고 그래요."라고 씩 웃었다.

　　동민 씨는 그 농성장에서 응급차에 실려 나왔다. 추위에 떨다 폐렴에 걸린 것이었다. 잘 쉬어도 낫기 힘든 몸 상태였다. 그런데 연말 국회에서 장애 부문을 비롯한 복지 관련 예산안이 대폭 축소돼 날치기 통과되자 그것에 항의하는 농성에 또 참여했다. 결국 건강이 급속도로 악화되어 새해 초에 죽음에 이른 것이다.

　　가족들은 동민 씨가 평소 어떤 활동을 해 왔는지 문상객들을 통해서 비로소 알았다고 한다. 그저 '힘든 몸으로 바깥 외출이

잦네.'라고 생각했다 한다. 동료들은 적극 말리지 못한 것을 후회하고 심란해했다. 그런 미안함까지 더해 가능하면 장애인장을 치르고자 했지만 가족들은 반대했고, 밤새 설득했지만 허락받지 못해 그냥 가족장으로 치르게 됐다. 그의 빈소는 내가 가 본 장례식장 가운데 가장 작았다. 구석진 동네 병원 장례식장이라지만 정말 구멍가게만 해서 발 디딜 곳조차 없었다. 게다가 영안실 문턱 때문에 휠체어가 들어가지 못해 고인에게 마지막 인사조차 하지 못하는 동료들은 더욱 통곡했다.

국가인권위 건물 앞에서 따로 열린 영결식에는 동민 씨의 평소 모습이 담긴 현수막이 가득 걸렸다. '성실맨'이 별명이었다는 동민 씨는 장애인권 관련한 어떤 집회와 농성에도 빠진 일이 없었다. 그의 사진들을 보고 있자니 '소처럼 우직하게 생겼구나.'라는 생각이 들었다. '평생소원이 비행기 타고 해외여행 가 보는 것'이라는 메모 앞에서는 시선을 돌려 버렸다. 순간 도장이 잔뜩 찍힌 내 여권이 이미 세 번째 발급이라는 사실이 떠올랐기 때문이다.

돌아오는 길에 곰곰 생각해 보니, 내가 안다고 할 수 있는 장애인은 다 죽었다. 그것도 전부 내 나이 또래 사람이었다. 내 또래지만 친구도 동료도 못 되었고, "그저 안다."고 말할 수 있을 정도의 관계는 그들의 부고로 끝이 나고는 했다. 알고 있는 한두 가지 에피소드에 머물렀던 그들의 삶은 그들이 죽은 뒤에야 전체적인 그림이 그려지고는 했다.

2005년에 세상을 떠난 이현준 씨는 유엔아동권리협약에 대한 민간 보고서 작업을 할 때 만났다. 한국 정부가 가입한 국제인권조약을 얼마나 잘 지키고 있는지 모니터하여 유엔아동권리위원회에 보고서를 내는 일이었다. 여러 단체 활동가가 같이 작업을 했는데 이현준 씨는 장애 아동의 인권 분야를 맡았다. 그는 나보다 두 살 위였고, 손가락 두어 개 정도만 움직일 수 있을 정도의 중증 장애인이었다. 몸이 서서히 굳어 가는 병이라 했다. 평소 움직이는 것을 귀찮아하는 나는 다른 단체 사무실에서 회의 잡는 것을 꺼렸지만, 그때만은 휠체어가 오갈 수 있는 그의 사무실로 회의 장소를 잡아야 했다.

 하루는 그 사무실에서 같이 밥을 먹었다. 시뻘건 오징어 볶음이 주 반찬이었다. 낯선 사람들 앞에서 입가에 묻혀 가며 먹는 것이 부담스러워 손이 잘 가지 않았다. 그런데 현준 씨는 그 반찬을 좋아하는지 연신 그것만 먹었고, 불편한 젓가락질은 사방에 뻘건 물을 튀겼다. 그의 동료들은 전혀 개의치 않고 먹는데 나는 괜히 불편했다. 입가며 그릇이며 죄다 묻히고 먹는 밥상이 그랬고, 현준 씨보다는 그 동료들의 아무렇지도 않은 태도가 더 낯설었다. 속으로 그들이 '참 대단하다.'고 여겼다. 내 눈에 보인 것은 현준 씨가 아니라 그의 비장애인 동료들의 '친절함'이었던 것 같다.

불편한 손가락으로 어떻게 문서 작업을 하나 궁금했다. 다른 사람을 통해 들으니 그가 우리 보고서에 낸 문건의 분량은 얼마 안 됐지만 매번 거의 밤새 타이핑을 해야 할 형편이었다고 한다. 그 뒤 유엔의 권고가 발표됐고 보건복지부 관련 건물에서 정부 관계자와 간담회를 갖게 됐다. 공공건물이었지만 현준 씨의 휠체어가 접근할 수 없었다. 현준 씨는 결국 그 간담회에 참여하지 못하고 먼 길을 되돌아갔다. 같이 일을 했는데 결과를 나누는 자리에 함께하지 못해서 너무 미안했다.

그리고 얼마 지나지 않아 그의 부고 소식을 들은 것이다. 몸이 굳어 가던 그는 결국 호흡 곤란으로 사망했다. 그즈음 어느 대학원에 유엔아동권리협약에 관한 강연을 하러 갔는데, 웬 훤칠한 젊은이가 각별하게 인사를 해 왔다. 자기가 이현준 씨의 동생이라 했다. "속상해서 어떡해요." "예, 형님이 그렇게 됐습니다." 주고받은 말은 그뿐이었다. 현준 씨의 유가족을 앞에 두고도 나는 그에 대해 말할 것이 별로 없었다. 다른 활동가들과 같이 공동 작업을 했다면, 일이 끝날 때쯤에는 살아온 과정, 좋아하고 싫어하는 것 등 그 사람에 대해 대충 알 만한 것은 다 파악했을 텐데, 현준 씨와 같이 일을 하면서는 난 그와 직접 대화를 한 일이 거의 없었다. 내가 그에 대해 아는 것 대부분은 주변의 비장애인 활동가를 통해 주워들은 것이었다.

뒤늦게 추적해 보니 현준 씨는 대단한 문필가였다. 음악과 사진에도 조예가 깊었다. 그가 쓴 단편소설은 팽팽하게 끌어당기는 힘이 대단했고, 장애인에 대한 비하어를 분석한 글이나 9.11 사건을 접한 뒤 재난 시 장애인의 대피는 어떻게 이뤄질 것인가 등 장애인을 둘러싼 비인권적 상황을 폭로한 그의 글들은 예리했다. 어릴 때부터 병명도 모르고 진행된 장애가 그의 일생과 일상에 어떤 전쟁을 선포했는지에 대한 사연도 너무 많았다. 휠체어를 타고 식당에 들어서려 하자 식당 주인이 "우리 집 음식은 너무 매워요."라는 말도 안 되는 구실을 댔다는 얘기도 들었다. 오징어 볶음을 즐겨 먹는 현준 씨에게 그 말이 얼마나 기막혔을까 뒤늦게 공분했다.

또 그는 대단한 정책가였다. 자기 삶에서 느끼는 문제에 대해 하나하나씩 정책 대안을 내놓았다. 최근 이슈가 되거나 시행되기 시작한 장애인 이동권이나 장애인 콜택시 문제, 기초연금제, 자립 생활 운동, 활동 보조인 제도, 성년 후견인 제도 등의 기본 틀을 짰던 그였다. 그런 정책들은 자기 삶 속의 실천에서 나온 것이었다. 자비로 활동 보조인을 고용해 가며 활동을 했고, 현금자동입출금기를 이용할 수 없는 그를 속여서 통장을 털어 간 누군가 때문에 성년 후견인 제도를 고민했고, 마흔이 돼서야 부모로부터 독립해 자기 삶을 꾸리면서 중증 장애인의 자립 생활이 절실하고 또한 가능하다는 것을 알렸다.

이렇게 주변을 통해 주워듣거나 죽은 뒤에 행적을 추적하지 않고, 내가 직접 현준 씨와 얘기하고 그와 동료가 되었더라면 많은 것이 달랐으리라는 뒤늦은 한탄을 한다. "어떻게 쓸 것인가?"에 대해 얘기를 나눴다면 그가 쓴 글맛이 어떻게 만들어졌는지 느꼈을 테고, 지금 장애인권활동가들이 외치는 사안들에 대해 얘기를 나눴다면 그것들이 어떤 맥락에서 나왔고 얼마나 절실한지를 알리고 같이 싸울 수 있는 동기를 얻었을 것이다. 하지만 그런 공동의 경험이 없는 나는 여전히 장애계의 요구 사항을 피상적이고 성명서에서만 반복되는 것으로 느끼는 수준에 맴돌 수밖에 없다.

그들과 나눈 경험이 없던 내가 제일 참지 못했던 것은 속도의 차이였다. 한국인의 고질적 습성으로 지적되는 '빨리빨리'는 인권에서도 마찬가지다. 느리더라도 함께 가자는 구호와 노래를 입에 달고 살지만, 속도를 늦추는 사람을 참아내지 못한다. 그러고 보니 현준 씨에게 이것저것 직접 물어보지 않았던 이유 가운데는, 그의 느린 말을 통하느니 요점을 전달해 주는 비장애인 활동가를 통하는 편이 훨씬 빨랐기 때문이라는 것도 있었다.

2002년에 세상을 등진, 역시 내 또래의 정태수 씨. 나는 그 속도의 차이 때문에 태수 씨에게 엄청난 상처를 줬다. 태수 씨는 '장애인 청년학교'라는 기획을 하고 내게 한 꼭지의 강연을 부탁해 왔다. 나는 보통 때처럼 이메일로 응답하고 수락했다. 그런데 이 사람이 시도 때도 없이 강연에 대한 이런저런 말을 걸어오는 것이었다. 이미 내가 메일로 응답한 내용이라고 해도 전화를 걸어 다시 확인하거나, 메일을 못 찾겠다고 재전송을 요청하기도 여러 차례였다.

한번은 청년학교 포스터를 직접 가지고 오겠다고 했다. 나는 강연을 갈 뿐 청년학교를 홍보할 의사도 없는데 굳이 포스터를 받을 필요가 없었다. 하지만 그렇게 말할 수는 없으니 뭐 하러 힘들게 오시느냐고, 그냥 우편으로 부치라고 했다. 그런데 태수 씨는 한밤중에 포스터를 전달하러 왔다. 몹시 피곤해 보였다. 그때 나는 '일, 참 어렵고 힘들게 하시네.'라고 속으로 구시렁댔다. 한마디로 태수 씨는 내 보기에는 빠르고 간단하게 처리할 일에 무척 비중을 두고 갖은 애를 쓰는 사람이었다. 숱한 연락에 시달린 끝에 나는 강연을 갔고, 그의 동료로부터 "늘 매정하게 답을 하셔서 좀 속상했어요."라는 지청구를 들었다. 난 그냥 내 스타일이 그렇게 무뚝뚝하다고 둘러댔다. 그리고 태수 씨는 그 청년학교 수료식 도중 과로로 사망했다.

망치로 얻어맞은 느낌의 부고였다. 떨리는 마음으로 그와 나 사이에 오간 말과 행동을 순서대로 벌여 놓고 되짚어 볼 수밖에 없었다. 태수 씨에게 청년학교는 장애인권활동가를 체계적으로 양성하기 위한 첫발이었다. 대부분 장애활동가는 정규 교육을 받지 못하고 집안이나 시설에 묶여 살다가 세상으로 나온 사람들이었다. 자신들의 인권을 외치기 위한 교육과 훈련이 절실했다. 태수 씨는 넘쳐나는 교육 프로그램의 홍수 속에 자신들을 위한 교육 프로그램은 없다는 것을 알기에 청년학교를 기획한 것이었다. 그래서 나 같은 사람들과 그 의도를 나누고 싶었던 것이다. 그런데 나는 숱한 강연 가운데 한 번으로 여겼을 뿐이었다. 나에게는 빨리빨리 끝내면 그만인 사소한 실무였다. 그러나 그에게는 그 과정 하나하나가 새로운 도전이었다. 한밤중에 피곤한 몸을 이끌고 포스터 몇 장을 전해 주러 왔던 그 마음을 나의 속도전이 뭉개 버린 것이다.

장애인 야학에서 국어를 담당하는 동료가 함께 읽을 시를 골라 달라고 한 적이 있다. 초등학교 문 앞에도 못 가 본 이들이 많아서 성년이 된 이제야 글을 깨쳤는데 읽기의 즐거움을 더해 주고 싶다고 했다. 나중에 반응이 어땠냐고 물어보니 너무들 좋아했다고 전해 주었다. 시를 읽어 본 것이 처음이라며 감격했다는 것이다. 그때 추천한 시 구절 가운데는 "기다려 본 적이 있는 사람은 안다 / 세상에서 기다리는 일처럼 가슴 애리는 일 있을까"(황지우, 〈너를 기다리는 동안〉)가 있었다. 우리 사회는 모든 시민에게 보장된 기본 교육에 대한 접근을 장애를 이유로 틀어막아 놓고 그렇게 강요된 불리한 상황을 '기본 교육도 못 받은 장애인에 대한 연민'이랍시고 마음대로 해석했다. 그러한 사회의 문맹 앞에서 장애인들은 결국 문맹이라 손가락질 당해 왔다. 그런데 그토록 정말 오랫동안 기다려 본 사람에게 나는 그저 입으로만 "조금만 더 기다리세요. 참고 기다리다 보면 좋은 일이 있을 겁니다."라고 연민을 표현해 왔던 것이다. 그런 연민의 표현은 체면치레 립서비스일 때가 많고 실제로 보인 태도는 짜증 나고 불편한 것을 들키지 않으려는 조심성이었다. 그래서 당사자를 직접 보고 말하기보다는 약자 옆에 있어서 빛나는 사람들에게 "정말 대단하다." "정말 좋은 일 하시네요."라고 알짱거렸던 것이다.

"나도 내 마음을 모르겠어. 너는 내 마음을 알겠니?" 흔히 영화나 소설 속에서 너무나 지치고 힘들어 방황하고 있는 주인공이 깊은 한숨 속에서 내뱉고는 하는 독백이다. 이렇듯 나도 모르는 나를 타인이 알 수 없듯이, 내가 아무리 입장을 바꿔 생각하거나 역할을 달리 취하려 해도 완벽한 이해에 도달했다고 할 수 있는 타인은 없다. 나도 내 삶을 책임지기가 버거운데 남의 삶에 관심을 갖는 것 자체가 어렵다. 어쩌다 관심을 갖는다 해도 잘 나가고 성공한 타인에게서 흠을 찾아내려 곤두선 내 모습에 우울해지고, 안됐고 불우한 타인에게서 내 처지의 위안을 찾으려는 내 모습에 더 초라해지고는 한다.

너무 지치고 힘들 때 "거울아, 거울아 누가 더 불행하지?"라고 물어 놓고는 나보다 더 힘든 사람들의 리스트를 떠올린 뒤 "그럼, 그래도 내가 훨씬 더 낫지."라고 자문자답하며 억지로 힘을 얻고는 할 때가 있다. 하지만 은근히 눈치를 보게 된다. 세상에 공짜는 없다고, 그렇게 누군가의 고통에서 위안을 얻어 놓고서는 아무런 대가도 지불하지 않으면 너무 죄스럽다. 그럴 때 제일 편리한 감정이 연민이다. 그 고통을 짐작만 할 뿐이지만, 그래도 내 가슴 한편이 시리고 아린 것은 정말이라고, 그러니까 타인의 고통에 대해 연민을 느끼는 내 심장은 그래도 내가 괜찮은 사람임을 보여 주는 것 아니냐면서 또 다른 위안을 찾는다.

그렇게 반은 억지로 나의 연민을 증명하려 할 때도 필요한 것이 있다. "왜 그런 사람을 연민하느냐?"는 반문이 돌아올 위험성이 없고 누구에게나 내 연민이 당연하게 받아들여져야 한다는 것이다. 한마디로 내가 연민을 보이는 상대가 '준비된' 사회적 약자여야 한다. 누가 봐도 불쌍하고 가엾다는 감정을 공유하기에 반대가 없을 상대여야 한다. 치료비가 없어 죽어 가는 어린아이처럼 말이다. 적나라하게 드러나기에 따로 설명이 필요 없을 눈에 띄는 고통이어야 한다. 갈비뼈가 다 드러난 굶주린 아이의 사진처럼 말이다. 또한 그들의 고통이 그들 자신의 허물 때문이 아니라는 알리바이가 필요하다. 앞서 말한 아이들에게 도대체 무슨 죄가 있겠는가? 그렇게 준비된 사회적 약자들은 나도 그들도 어쩔 수 없는 운명으로 고통 받고 있다고 여겨진다. 그러니까 전과자나 알코올성 질병 등으로 자기 행위의 대가를 치르고 있는 것으로 치부되는 사람들과는 다르다.

이런 형편 때문인지, 인권운동을 하면서 누구와 연대 활동을 하느냐에 따라 내가 취하는 태도도 달라질 때가 많다. 솔직히 선호하는 쪽은 설명이 필요 없는 준비된 약자이다. "지금 뭐해?"라는 전화에 "응, 나 지금 장애인들 농성하는 데 지지방문 왔어."라고 답할 때는 머뭇거림이 없고 약간 높은 톤으로 목소리가 잘도 나온다. 전화 건 상대방이 반문 없이 인정해 주리라는 확신에서이다. 반면에, 노숙인이나 성소수자 등과 관계된 일을 하고 있을 때는 전화 건 상대방의 반격과 의문에 대비할 준비 자세를 취하고 말을 하게 된다. 아주 매정한 사람이거나 호모포비아까지는 아닐지라도 "도대체 왜 그런 사람들 문제까지 인권으로 다루는 거냐?"고 공격적으로 따지는 사람들이 의외로 많기 때문이다. 전화 건 사람이나 인권 강연을 듣는 사람들에게서도 나와 비슷한 태도를 보게 된다. 사회적 약자의 예를 들어 보라 하면 어린아이와 장애인이 늘 앞자리를 차지한다.

우동민, 이현준, 정태수, 이 사람 말고도 내게 찾아왔으나 내가 관계 맺기를 거부하고 부고를 들은 뒤에야 관계를 복기해 본 일은 더 많이 있다. 그런 탓에 이렇게 "내가 아는 장애인은 다 죽었다."라고 쓰게 된다. 써 놓고 보니 무시무시한 느낌이 든다. 그렇지만 이것이 사실인 것은 어쩔 수 없다. 더 무시무시한 것은 "좋은 인디언은 죽은 인디언 뿐"이라고 뇌까렸던 백인 인종차별주의자들과 내가 별반 다를 바 없다는 사실이다.

"아프냐? 나도 아프다!"라는 드라마 대사가 한창 유행이어서, 그 대사가 '공감'의 대체어로 쓰이기까지 할 때가 있었다. 그때 나는 준비되고 가시적인 사회적 약자에 대한 연민에서 비롯된 아픔이 과연 당사자의 그 아픔과 같을 수 있을지 고민되기 시작했다. 연민하는 나와 연민스런 눈길을 받는 그들 사이에 벌어진 틈이 컸기 때문이다.

내가 품어 온 장애인의 이미지는 '준비된 사회적 약자'였던 것이다. 제대로 따져 보면 '준비된'이라는 말은 엉터리다. '강요된'이거나 '불리한'이란 표현이 정확할 것이다. 그들에게 강요된 불리한 상황을, 우리는 연민을 당연시하는 배경으로 해석해 온 것이다.

불편한 존재로 여기고 거리를 두며, 공동 책임을 지는 것이 아니라 면피용 연민을 소모해 온 나에게 좋은 장애인이란, 거리가 있고 내게 불평하지 않는 장애인인 것이다. 이제 내가 품어 온 장애인의 이미지와 태도를 죽여야 한다는 생각이 들었다. 그렇지 않으면 내가 아는 장애인들은 계속 죽어 갈 것이 뻔하다.

한겨울 집회에서 마이크를 잡았는데 뭔가 뒤통수를 강하게 때리는 느낌이 들었다. 그러고는 곧 머리가 죄어드는 것 같았다. 간신히 발언을 마치고 머리를 부여잡고 고통스러워했다. 병원에 갔더니 급성고혈압인 것 같다고 했다. 찬바람에 갑자기 노출되는 일을 피해야 한다고 꼭 모자를 쓰라 했다. "큰일 날 수 있다."는 경고도 들었다. 그렇게 평소 거들떠보지도 않던 털모자를 늘 쓰고 돌아다니게 됐다. 그런데 집회에 나가 보니 장애인 활동가들이 하나같이 파르라니 깎은 맨머리 상태이다. "○○씨, 추운데 모자 안 쓰면 큰일 날 수 있어요. 모자 없어요? 내가 하나 선물해 줄까요?" 나도 모르게 먼저 말을 걸었다. '말을 걸었다!' 커피 한잔 하자고 관심 있는 이에게 처음 접근하는 사람 같은 흥분이 느껴졌다. 안면 있는 비장애인 활동가가 나타나 다리를 놓아 줄 때까지 그들 주위를 배회하기만 했던 기억이 튀어나와 내 뒤통수를 때린다. 사람이 바로 눈앞에 있는데 왜 직접 물어보고 직접 말을 걸 생각을 못 했느냐고 때려 댄다.

최근 들어 지원 또는 지지 방문이 아니라 같은 사안에 대해 공통 집회를 하는 일이 늘었다. 그런데 같이 집회를 하고 있으면 "장애인을 보호해 줘야지 뭣들 하는 것이냐!"고 흥분하는 시민들이 있다. 때마침 경찰이 위협적으로 방패를 치켜들거나 하면, 휠체어를 탄 동료들이 나 같은 비장애인들을 순식간에 에워싸고 지켜 준다. "장애인을 보호해 줘야 한다."는 말을 몸으로 되돌려 준다. 그리고 나는 휠체어 장막 안에서 아주 안전함을 느낀다. 그러자 이제 장애인도 잡아간다. 예전에는 편의 시설이 없다는 이유로 바로 풀어 주더니 이제는 감옥에도 집어넣는다. 얼마 전까지만 해도 아무 짓 안 했어도 장애인 옆에 있는 비장애인을 잡아가고는 했다. 그렇게 점거든 농성이든 장애인의 행동은 그 옆에 있는 비장애인이 사주한 것으로 여겼던 공권력도 진화한 것이다. 수동적 수혜자가 아니라 불리함에 맞서 저항하는 인간임을 인정받는 방식치고는 잔인하지만 말이다.

함께 술을 마신다. 휠체어가 들어갈 수 있는 1층의 문턱 없는 술집을 찾는 일부터 술자리가 시작된다. 거나해지면 장애인 콜택시를 부른다. 장애인 콜택시가 보조금이 나와서 더 싸다고 한다. 택시비 없는 비장애인 활동가들이 꼽사리를 낀다. "○○야, 우리 돈 없어. 태워 줄 거지?" 그렇게들 얹혀서 간다. 어느 날 "술 마시고 콜택시를 부르는 불순한 장애인들"의 콜은 받지 말라는 지침이 내렸다는 소문이 들렸다. "아니, 술 마셨으니까 택시가 필요한 거지. 장애인은 술도 먹지 말라는 거야?" 동시에 같이 열을 받는다. '동시에 같이 열을 받는다.'는 느낌이 묘하다. "아프냐? 나도 아프다!"라는 대사의 주인공이 된 느낌이다.

내가 일하는 연구소에서는 공개강좌 때마다 밥을 직접 지어 수

강생들을 먹인다. 강좌 준비 가운데서 제일 품이 드는 일은 음식 마련이다. 두어 시간 먼저 와서 음식 장만을 돕는 친구가 생겼다. 한쪽 팔이 없는 그이지만, 부침개 등 손 가는 일을 척척 해 준다. 오가는 길에 최신 음악 파일을 깔아 주고는 한다. 그 친구 덕분에 신세대 음악과 친해졌다. 친구가 되니까 나의 나이 듦과 몸무게에 대한 고민이나 장애를 갖고 사는 삶의 얘기가 체면치레 없이 오간다. 평화운동을 하고 싶다는 그는 강정에 장기 체류하러 갔다. 어쩌다 강정에서 만나면 이래저래 나를 너무 챙겨 줘서 으쓱해진다. 나에게는 이런 절친이 있다고 자랑하고 싶은 으쓱함이다.

연민과 구별되는 태도를 상호관심이라 한다. 연민으로부터 나오는 자선과 연대를 구별시키는 것 또한 상호성이라 한다. 너무 당연시되어 문제제기조차 없는 '사회적 약자와의 연대'라는 말에 상호성이 침투되지 않는 한 내가 아무리 더 많은 동민 씨와 현준 씨와 태수 씨를 만나도 같은 일이 반복될 것이다. 상호관심은 서로가 다가서는 것이다. 나만 다가서는 것도 저쪽만 다가오는 것도 아니다. 그간 나는 수동적인 타자에게 다가가는 나의 적극성만을 연대의 실천으로 떠받들어 온 것은 아닐까? 타자의 관점과 역할을 취하는 것은 서로에게 다가서는 서로의 공동 책임인 것이다.

또 다른 동민 씨, 현준 씨, 태수 씨를 만나게 되면 우선은 많이 묻고 또 물음에 대답하고 싶다. "당신은 뭐가 제일 힘드냐? 나는 이래서 힘들다."고 말이다. 물론 아무리 노력해도 "나도 내 마음을 모르겠어. 너는 내 마음을 알겠니?"로 귀결될 것이다. 그 누구도 타자를 완전히 이해하는 것은 불가능하기 때문이다. 하지만 우리의 끝없는 문답은 적어도 그 불가능성에 도전하는 첫 걸음은 되지 않을까? 그렇게 나는 믿는다.

잊힌 세계에서
건너온 외침

우리에게는 그들을 기억해야 할 의무가 있다

내 나라가 이라크 파병을 하게 됐을 때 나는 수많은
아브라함이 될 아이들을 떠올릴 수밖에 없었고, 그 전쟁이
더 많은 석유를 확보하기 위한 것이었기에 바르디의 입장이 될
부모들을 떠올릴 수밖에 없었다. 공공성이 후퇴하고 사유화를
민영화라 홍보할 때마다 쿱스의 경고를 떠올렸고,
촛불을 들 때마다 델핀과 커뮤니케이션의
권리를 상기했다. 5월 18일만 되면 5월 15일
팔레스타인 사람들이 유대인 무장 세력에게
학살 당하고 내쫓겨 난민이 된 대재앙 '나크바'를
떠올릴 수밖에 없었다. 내 땅의 노동자들이 크레인이며 조명탑이며
광고탑 등에 고공 농성을 하러 오르고 때로는 시신이 되어 내려와도
언론의 단신거리 취급도 못 받을 때마다 그런 결정을 내린
'오만한 놈'들을 떠올리며 분노했다.

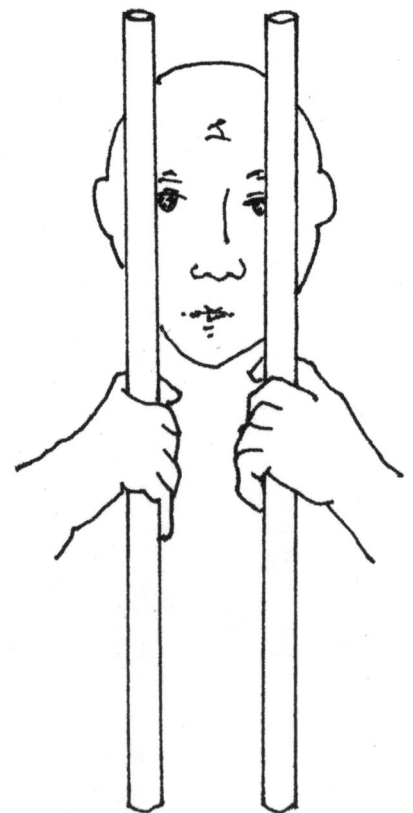

© Dan Jones

"우리가 듣던 노래가 라디오에서 나오면…… 울고 싶은지……"라거나 "방안을 정리하다 사진이 나오면…… 한참을 바라보는지"라는 가사처럼, 불쑥불쑥 일상의 온갖 것들이 후벼 파고는 하는 기억이 있다. "지우고 잊고 살아야 속 편하다."는 충고를 듣지만 그런 슬픔과 그리움에 대한 기억이 있으면 두고두고 끄집어내게 된다. 그러면서 기억을 단속하고 애틋한 감정을 간직하려 한다. 세상사에 대해서도 마찬가지다. 뉴스에 거의 나오지 않는 사람과 사건을 알고 있다면 그것을 계속 말하고 기억하는 것이 내가 할 도리라고 생각하지 않을 수 없다. 뭔가 당장 해결할 수 있는 것이 없더라도, 누군가 알고 기억하고 있다는 것은 대기선에 서서 준비하고 있는 마음인 것이다.

그렇게 기억의 의무에 해당하는 권리를 묶어 인권 분야에서는 '연대권'이라 한다. 1948년 세계인권선언을 시작으로 수많은 국제 인권 기준이 만들어져 왔고, 그런 국제 인권 기준은 '보편적'이라는 수식 아래 도덕적 권위를 누려 왔다. 하지만 그런 기준을 만드는 일에서나 적용에서나 제외돼 온 '잊힌 세계'가 너무 많다.

그 잊힌 세계들은 보편 기준을 제정·선포할 때 이를 주도한 1세계 국가들의 식민지로 볼모 잡혀 있었다. 또, 독립한 뒤에도 강제로 그어진 국경 때문에 내전의 참상에 시달리거나 더 질겨진 경제적 착취에서 벗어나지 못했다. 대량 난민, 수탈과 빈곤 등이 그들의 세계를 표현하는 불유쾌한 표제어였다. 그런 잊힌 세계가 국제 인권 무대에 들고 나온 것이 바로 연대권이라는 새로운 인권이다.

그 연대권의 알맹이가 무엇인지 생생히 증언하는 주인공들을 한자리에서 만나 볼 기회가 있었다. 10여 년 전 뉴욕 컬럼비아 대학교 인권 연구소의 초청을 받아 15개국에서 온 인권활동가들과 5개월간 인권 연수를 같이 하게 됐다. 우리는 같은 기숙사에서 생활하며 인권에 대한 세미나와 기관 방문 등으로 꽉 찬 시간을 보냈다.

하루는 어떤 교수님이 초청한 시골 농장의 모닥불 옆에서 엠티를 가졌다. 다들 자신의 이름 뜻을 돌아가며 소개했다. 평소에는 발음이 어려워서 간단한 이름을 따로 만들어 부르고는 했는데, 원래의 이름을 소개하는 시간이었다. 듣고 보니 이름에 '나라를 세운다'는 뜻이 압도적으로 많았다. 그런데 아이러니하게도 연수 참여자 대부분은 나라를 세우는 과정에서 심각한 인권 침해를 경험했고 그 고통이 현재진행형인 곳에서 왔다. 그렇게 가족을 잃고, 눈과 팔을 지뢰에 빼앗기고, 난민 캠프를 평생 세상의 전부인 양 알고 살아온 이들에게 '나라 세우기'의 과제는 절실했던 것이다.

그런데 이 인권활동가들이 원하는 나라 만들기는 제 나라의 국경을 강화하거나 제 나라의 국민총생산을 높이는 일이 아니었다. 그들이 원하는 나라 만들기는 국경을 초월한 연대와 책임 그것과 뗄 수 없는 관계에 있었다. 그래서 우리는 각자가 품고 있는 고통의 원인을 공유하며 연수가 끝나고 헤어진 다음에도 서로의 고통이 연결돼 있다는 것을 잊지 말자고 다짐했다. 이런저런 사연과 활동 경험을 가진 우리가 종이 위에 그대로 올라선다면, 그 자체가 연대권의 목록이 되는 듯하다. 평화권, 환경권, 커뮤니케이션에 대한 권리, 발전권 등의 목록이 한 사람 한 사람의 삶에 대한 기억으로 떠오른다.

어린 시절 내인 지뢰에 한쪽 팔과 눈을 잃은 에리테리아이 아브라함은 나이 때문에 우리를 놀라게 했다. 28살에 불과한 그를 우리는 40대 중반으로 생각했던 것이다. 전쟁이 없는 평화로운 날을 한 번이라도 맞아 보는 것이 소원이라던 아브라함의 얼굴에 전쟁의 상흔은 청춘을 뛰어넘은 세월을 새겨 넣었던 모양이다. 아브라함과 함께 기숙사 근처 교회의 종탑을 구경 간 일이 있다. 그 교회는 마틴 루터 킹 목사가 암살 당하기 전 베트남 전쟁에 반대한 연설을 한 곳으로 유명하다. 교회의 종탑은 어마어마한 규모여서 올라가면 웬만한 고층 건물의 전망대는 저리 가라 할 전망을 자랑했다. 종탑 위에서 한쪽 눈으로 평화로운 하늘과 노을에

물든 강을 한참 바라본 아브라함은 "참 좋다."고 했다. 이런 곳을 보여 줘서 정말 고맙다고 했다. 포탄 소리와 연기가 없는 고요한 하늘을 보며 아브라함은 평화의 꿈을, 전쟁은 물론이고 기아, 빈곤, 질병 등이 쳐들어오지 않는 삶에 대한 꿈을…… 그런 꿈을 꾸었으리라. 평화를 갈망한 아브라함은 집이 아닌 난민 캠프로 돌아갔다. 그 뒤 나에게 평화라는 단어는 외눈을 가진, 제 나이보다 늙어 버린 청년 아브라함의 얼굴로 기억된다.

세 아이의 아버지인 바르디는 나이지리아 오고니 족 출신이다. 그를 만나기 몇 해 전 한국의 나이지리아 대사관 앞에서는 당국으로부터 사형 선고를 받은 환경운동가 켄 사로-위와Ken Saro-Wiwa의 구명을 위한 집회가 있었다. 초국적 기업 셸과 그 기업과 결탁한 군부의 석유 채취와 인권 탄압을 고발한 것이 켄의 죄명이었고, 전 세계적인 구명 노력에도 불구하고 결국 켄의 사형은 집행됐다. 바르디를 만나니 켄의 형제를 만난 느낌이 들었다.

바르디의 삶 또한 초국적 기업의 석유 채취로 인해 망가졌다. 온 땅이 오염돼서 농사를 지을 수 없고, 오염된 물과 토양, 공기 때문에 아이들을 비롯해 많은 사람이 시름시름 앓는다. 셸과 당국에 저항하는 사람들은 무장 세력의 표적이 된다. 바르디는 그들에게 아버지를 잃었다. 바르디에게 환경은 당장 생명과 직결된 것이기에, 환경 파괴는 취약한 계층의 사람들에게 더 악영향을 끼친다는 것을 그는 누구보다 잘 알고 있다. 그런 바르디에게 인간 중심의 환경주의와 인간 '종'을 포함한 모든 지구상의 생명에 대한 존중을 말하는 생태주의의 구분은 별 의미가 없다. 바르디의 고향에서는 흙도 물도 식물도 사람도 같이 죽기 때문이다. 아버지를 잃은 경험이 있는 바르디는 아이들에게서 자신이 사라질 것을 두려워했다. 그의 활동도 무장 세력의 표적이다. 하지만 가만히 앉은 채 모든 것이 파괴되는 삶을 아이들에게 물려줄 수도 없다. 이래도 저래도 죽는 것은 마찬가지다. 바르디는 그런 공포를 사람 좋은 웃음 속에 감춰 버리고는 해서 우리의 마음을 더욱 아프게 했다.

아프리카의 빈국 가운데서도 제일 가난한 나라인 차드에서 온 델핀은 불어로 말하고 글을 썼다. 식민지 유산 때문에 차드에서의 교육은 대개 불어로 이루어지기 때문이다. 물론 신문도 불어로 발행된다. 가난한 사람들은 신문을 사 볼 돈도 없지만 글을 읽을 줄도 모른다. 자신들 고유의 언어로는 공식적인 활동을 하기 어렵다. 사람들의 오락거리 또한 초국적 매스미디어 산업이 생산한 것들로 가득 차 있다. 그러니 자신들 사회의 얘기를 만들고 나눌 장치가 없다. 그래서 델핀과 같은 사람들이 주창한 연대권의 하나가 커뮤니케이션에 대한 권리이다.

델핀이 커뮤니케이션에 대한 권리를 이야기하면, 이미 잘 알려진 인권 목록 속에 표현의 자유가 있는데 뭐 하러 또 만드느냐는 반응이 많다. 그에 대해 델핀과 같은 사람들은 표현 수단의 불평등에 대해 제대로 충분히 말해야 한다고 강조한다. 사람은 관계 속에서 살아가기에 커뮤니케이션을 해야만 한다. 밥과 옷과 집처럼 진정한 커뮤니케이션은 인간에게 기본적인 것이다. 하지만 델핀의 조국인 차드처럼 말하고 들을 권리가 편중된 세계에서는 도드라진 커뮤니케이션과 무시된 커뮤니케이션으로 갈라진다. 한 국가 내에서만이 아니라 전 지구적으로 매스미디어 등 표현 수단은 그것을 작동시키는 자들의 이익 속에서 통제된다. 그래서 대부분의 커뮤니케이션은 조정되고 걸러진다. 그래서 델핀은 통신 수단에 강력한 권력을 끼치는 세력의 지배로부터 벗어나야 한다는 경종을 울리는 의미에서 커뮤니케이션에 대한 권리를 연대권으로 들고 나온 것이다.

전 남편에게 두 딸아이를 맡기고 왔다는 잠비아의 활동가 자네트는 연수 기간 내내 안절부절못했다. 신신당부하고 학비도 다 주고 왔는데 전 남편이 딸들을 학교에 보내지 않는다는 얘기를 들은 것이다. 잠비아에서는 가난 때문에 여자아이의 80~90퍼센트가 교육을 받을 수 없다고 한다. 자신도 고국에 돌아가면 기다리고 있을 것은 실업뿐이기 때문에 딸들을 계속 학교에 보낼 수 있을지 걱정된다고 했다.

세미나 때면 늘 미국인 교수들을 불편하게 만든 팔레스타인의 테드는 미국과 이스라엘의 경제 제재 때문에 얼마나 많은 팔레스타인 아이들이 영양실조와 질병으로 죽어 가고 있는지를 끝없이 고발했다. 미국과 이스라엘의 불의를 지적하고 시정하지 않는 국제 인권 규범은 거짓이라고 조소했다.

대선 때 많이 불렀다는 만델라 송을 늘 흥얼거리는 남아공의 쿱스는 법적인 차별이 사라졌다 해도 경제·사회적 인권 없이는 진정한 인종 차별 철폐는 없다는 것을 강조했다. 쿱스는 국제통화기금과 세계은행이 강요하는 구조 조정을 자신들 고유 언어로 옮겨서 앞글자를 따면 '악마'가 된다고 가르쳐 줬다. 구조 조정이라는 악마 때문에 공공재가 거의 없거나 축소된 상황에서의 삶이 얼마나 버거운가를 그는 '택시 전쟁'이라는 제목의 발표로 고발했다. 공공재로서의 대중교통 체계가 없기 때문에 판치는 사설 택시 사업을 갱단이 틀어쥐고 있고, 그로 인한 공해와 요금 폭리, 구역을 둘러싼 폭력 등이 일상의 삶을 위협한다는 얘기였다.

자네트, 테드, 쿱스는 인권을 말하는 방식을 바꾸자는 데 의기투합했다. 보통은 권리를 말할 때 'A는 B에 대한 권리를 가진다.'는 식으로 말하는데, 그 권리의 실현을 방해하는 요인에 대해서도 같이 말해야만 한다는 것이다. 인종주의와 인종차별, 식민주의, 외국의 지배와 점령, 중심부와 주변부 국가들 간에 극심해지고 있는 빈부 격차, 생태 위기 등 아브라함에서부터 쿱스에 이르기까지 공통으로 경험해 왔고 직면하고 있는 요인들은 많았다. 이런 것들을 인권의 실현을 저해하는 요인들로 지목하고 나온 것이 바로 1986년 유엔에서 채택된 '발전권 선언'이다. 인권 무대에서 잊힌 세계의 목소리를 듣고 나온 이 선언은 '사람답게 살고 싶다'는 소망을 발전이라는 말로 표현했다.

이 선언에서 이야기하는 발전은 잊힌 세계에게 1세계가 가르치고 강요한 의미의 발전이 아니다. 수많은 사람의 삶을 매몰시키는 초국적 자본의 댐 공사는 국민총생산을 높이지만 실제 사람들의 삶의 질이 나아지는 것은 아니다. "하루 1달러 미만 소득으로 살아가는 불쌍한 사람들"이라는 표현에는 그들이 왜 가난을 강요받는지에 대한 설명은 없다. 이처럼 국민총생산으로 자신들 삶의 질을 평가하는 방식, 누가 어떤 방식으로 더 많이 가졌는지를 은폐하는 지표들로 총량을 부풀리고 불평등을 위장하는 방식, 자신들의 고유한 삶의 양식을 존중하지 않고 자신들의 세계를 잊힌 세계로 만든 방식을 거부하는 사람들은 전혀 다른 의미의 발전을 이야기한다. 자신들 삶에 영향을 미치는 문제에 대해 목소리를 낼 수 있어야 하며, 자신들은 발전의 대상이나 수단이 아닌 그것의 중심이 돼야 할 인간이라는 것이 발전권의 핵심이다. 당시 함께 모여 있던 이들의 삶이 증언하듯이 생태, 발전, 평화, 인권 보장은 따로 노는 것이 아니라 맞물려 있으며, 그것의 실현을 저해하는 요인들을 폭로하는 것이 같이 시작해야 할 일이라는 데 우리는 입을 모았다.

하지만 세미나 방에서 토론하고 의기투합한 연대권의 내용은 방을 나가면 산산조각 나고는 했다. 40여 개 이상의 기관을 방문하고 다양한 초청 모임에 참석하면서 우린 늘 언짢은 질문을 받았다. 미국인을 포함한 대부분의 국제기구 종사자들은 우리에게 "어디서 왔느냐?"고 묻고 그 다음에는 그 '어디'가 자기들이 있는 곳에서부터 비행기로 몇 시간 걸리느냐고 물었다. '중심'인 자기들과의 비행 거리로만 그 '어디'를 가늠할 뿐, 그 '어디'가 아프리카인지 아시아인지조차 구분하지 못하는 그들의 태도에 당혹스럽고 불쾌했다. 어느 나라에 군대를 주둔시킬지, 어디에 폭격을 할지를 결정하는 곳의 사람들이 다른 곳에 대해 너무 모른다는 사실에 두려움마저 느꼈다.

우리가 연수를 받는 동안 미군과 나토군이 코소보를 폭격했고 그 뉴스가 연일 텔레비전에 나왔다. 그런데 컬럼비아 대학교 학생들은 여느 때처럼 커피 잔을 들고 그 장면을 지켜봤다. 평소와 별반 다르지 않았다. 그들의 평온한 일상을 보면서 머릿속에서 여러 가지 질문이 이어졌다. 저 학생들은 코소보가 어디 있는지 알기나 할까? 왜 자국 군대가 저기 가서 폭격을 하는지 정부가 하는 말 말고 거기 사람들의 반응을 알고 싶기나 할까? 설마 코소보가 비행기로 여기서부터 몇 시간 걸리는 곳에 있느냐고 묻지는 않겠지? 유엔 본부가 바로 이곳, 뉴욕에 있는데 발전권 선언을 비롯해 잊힌 세계의 인권 문제에 주목할 때마다 자국 정부가 사사건건 반대표를 던진다는 것은 알고 있을까?

국제 인권 규범은 강제력이 없는 반면, 세계 경제 기구들이 내린 결정은 무섭도록 관철된다. 세계은행 본부를 방문했을 때였다. 〈인권과 세계은행〉이란 팸플릿을 나눠 주고 세계은행이 하는 일을 설명했던 사내는 엉뚱한 방식으로 세계은행을 자랑했다. "세계은행에는 석·박사 학위가 2~3개씩 되는 사람들이 일하고 있다. 이곳에서는 대단하고 엄청난 사람들이 일하고 있다."는 식이었다. 그런 그가 우리가 던진 질문을 번번이 비켜 갔던 것은 당연한 태도였는지도 모르겠다. "세계은행이 지원하는 프로젝트란 댐 건설과 대량 강제 이주 등입니다. 그런 프로젝트가 생존에 치명적이라고 판단하지 않습니까?" "교육과 의료 등 공공재의 축소를 강요하면서 인권을 얘기하기는 뭣하지 않습니까?" "세계은행이 내세우는 투명성과 설명 책임이라는 원칙을 왜 스스로에게는 적용하지 않는 것입니까?" 이런 질문들에 그는 동문서답을 이어 갔다. "어느 나라에서 오셨다고 했지요? 아, 모범적인 구조 조정국이죠."라거나 "아, 그 투명성 말이죠. 사실 우리가 내놓은 원칙이기는 하지만 골칫덩어리예요."라는 식의 답변이었다. 그러다가 "여기서 일하는 사람들은 대단한 사람들이에요. 나도 박사지만 명함도 못 내민다니까요."라는 대답에 우리는 맥이 빠졌다. 면담을 마친 우리는 만장일치로 그 사내를 "오만한 놈"이라 지칭하자 했고, "오만한 놈"은 연수 내내 우리의 안줏거리가 됐다.

"대단한 사람들" 혹은 "오만한 놈"이 내리는 결정에 잊힌 세계의 수많은 이들의 삶이 결정된다. 수많은 삶이 빈곤과 배제로 내몰리면서도 그것을 조장한 결정이 어디서 어떻게 이뤄졌는지 잘 알 수가 없다. 설령 안다고 해도 다리가 저릴 정도의 긴 비행시간을 견디며 결정자를 찾아다닐 수도 없고, 자국 정부는 지구화와 국제기구 탓을 하며 책임을 빠져나간다. 상황이 나빠질수록 복지가 아니라 경찰과 주로 대면하게 되는 자국 정부는 책임을 오히려 피해자에게 돌린다. 네가 잘못 살았기 때문이라고 지적질 당하며 빈민은 점차 범죄자와 동의어가 되어 가고 혹독한 취급을 당하게 된다. 강력한 경제 기구들의 행태를 분석한 힘없는 인권 기구들의 보고서는 하나같이 이런 얘기들로 채워져 있다.

잊힌 세계는 빈국에만 국한되는 것이 아니라 소위 부유한 국가 내부에도 얼마든지 있다. 불평등의 격차가 커지고 있기 때문이다. 우리는 연수 기간 동안 그런 불평등의 속살을 맞닥뜨릴 때마다 이를 공통의 문제로 여기고는 했다. 우리의 기숙사는 할렘가 바로 옆에 있었기에 유명한 금융가인 월스트리트에서 할렘가로 이어지는 지하철을 자주 이용했다. 그런데 그 지하철이 할렘가 근처만 오면 몇 정거장씩 안 서고 자주 무정차 통과를 하고, 그것도 도착역 직전에야 무정차 통과라는 것을 알려 주어서 우리를 곤혹스럽게 했다.

그렇게 기숙사가 있는 역을 무정차 통과한 덕에 몇 번이나 할렘가 중심까지 가 보게 되었다. 월스트리트 역과 할렘가 역의 모습은 그야말로 극과 극이었다. 뉴욕 지하철은 지저분하기로 악명 높은데 월스트리트 역은 예외였다. 깔끔한 타일이 깔려 있어 반질반질하고 청소도 잘돼 있었다. 반면, 할렘가에 내리면 페인트칠조차 안 된 회색 시멘트 벽과 쇠창살 문이 맞이한다. 한 도시 내의 공공시설인 지하철역에서조차 적나라하게 드러나는 그 격차는 우리를 놀라게 했다.

그 할렘가와 우리의 기숙사 사이에는 영화에도 자주 등장하는 낭만적인 공원들이 있다. 어느 날 세미나에서 특강을 한 범죄학 전문 교수는 뉴욕의 유명한 공원들은 중심부와 주변부를 격리하는 역할을 한다고 했다. 중심부에서 범죄를 저지르고 도주하려면 광활한 공원을 통과해야 하는데 자기 본거지로 되돌아가기 전에 잡힐 수밖에 없다는 것이다. 할렘가와 중심부 간에 있는 공원들은 말하자면 덫과 같다는 설명이었다.

연수 기간 중 감옥 견학을 갔을 때 그 덫의 희생양들을 볼 수 있었다. 한눈에 보기에도 검은 피부 일색이었다. 흑인 남성 4명 가운데 1명은 감옥에 있다는 말을 실감할 수 있었다. 여성들도 예외는 아니었다. 여성 수인들이 무슨 검진을 받는지 일렬로 서 있는데 대부분 흑인이었다. 잡혀 온 이유는 대부분 마약 거래나

좀도둑질 같은 것이라 했다. 타국의 감옥에서 검은 피부를 접한 아브라함이나 바르디 등은 모두 기분이 좋지 않았다. 월스트리트 역과 할렘가 역의 극명한 차이, 감옥 인구를 차지한 취약 계층 사람들의 모습은 잊힌 세계를 만들고 키워 가는 폭력의 희생자라는 점에서 같았다.

 그렇게 공통의 기억을 만든 시간이 지나고 잊지 말자는 포옹과 함께 제각기 귀향길에 올랐다. 잊힌 세계에 속한 사람들이 돌아간 곳은 난민 캠프, 무장 세력의 폭력이 일상인 곳, 봉쇄 장벽에 고립된 마을 등이었다. 연수 참가자 가운데 드물게 OECD국 출신이었던 나는 상대적으로 안전하고 풍요로운 서울로 돌아왔다. 비록 방 얻을 돈이 없어서 이곳저곳을 전전해야 했지만, 서울은 그 친구들이 돌아간 곳과 비교할 수 없을 만큼 안전하고 풍요로웠다.
 그 상대적인 안전과 풍요 속에 묻혀 버린 모습을 캐내어 기억하고, 내가 새로 배운 연대권이라는 인권을 되새김질하는 일이 나의 과제가 됐다. "나는 이런저런 권리를 가진다."는 권리의 문법에 문제의식을 가진 사람들은 "왜 인권은 의무를 등한시하느냐?"는 불만을 토로하고는 한다. 그래서 '권의'라든가 '권무'라든가 해서, '권'자에 '의무'에 해당하는 단어를 넣어 조어를 만들기도 한다. 하지만 나는 그렇게 따로 조어를 할 필요 없이 연대권이 이미 그런 뜻을 담고 있다고 본다. 연대권은 사회·경제적으로나 생태적으로나 평화롭게 살 수 있는 삶의 방식을 내 삶의 주인이 되어 결정할 수 있고, 그것에 대해 동료 인간과 자유롭게 의사소통을 할 수 있는 권리다. 이 권리는 모든 삶과 권리의 상호의존성을 느끼며 나의 결정에 영향 받는 타인의 삶을 기억하고 권리를 방해하는 요소들에 맞서려는 노력 속에서만 누릴 수 있다. 그러니까 연대권은 권리의 내용과 지향, 그것이 해야 할 일을 두루 담고 있는 말이다.

내 나라가 이라크 파병을 하게 됐을 때 나는 수많은 아브라함이 될 아이들을 떠올릴 수밖에 없었고, 그 전쟁이 더 많은 석유를 확보하기 위한 것이었기에 바르디의 입장이 될 부모들을 떠올릴 수밖에 없었다. 공공성이 후퇴하고 사유화를 민영화라 홍보할 때마다 쿱스의 경고를 떠올렸고, 촛불을 들 때마다 델핀과 커뮤니케이션의 권리를 상기했다. 5월 18일만 되면 5월 15일 팔레스타인의 나크바를 같이 떠올리게 됐다. 나크바는 대재앙이라는 뜻으로 팔레스타인 사람들이 유대인 무장 세력에게 학살 당하고 내쫓겨 난민이 된 사건을 일컫는 말이다. 내 땅의 노동자들이 크레인이며 조명탑이며 광고탑 등에 고공 농성을 하러 오르고 때로는 시신이 되어 내려와도 언론의 단신거리 취급도 못 받을 때마다 그런 결정을 내린 '오만한 놈'들을 떠올리며 분노했다.

연수 때 만났던 사람들은 그 당시 세상을 가리켜 '20 대 80'의 세상이라 했다. 세월이 지난 지금은 '1 대 99'를 말하고 있다. 20 대 80이 1 대 99로 변한 것은 돈과 권력이 더 소수에게 쏠렸으며 잊힌 세계가 더 많이 늘었다는 것을 증언해 준다. 그 반대도 가능하다. 99가 공유하는 기억이 많아진다면 그 세계가 잊히는 것이 아니라 무엇을 같이 할 것인가의 목록이 많아질 수 있다.

성경에서 "기억하라."는 것은 "마음에 두라."는 명령이고, 히브리어로는 무엇을 기록하여 마음에 인쇄한다는 뜻이란다. 1은 밀어 버린 99를 기억하지 않겠지만, 함께 살고픈 우리는 함께할 삶의 가치를 세우고 거기로 수많은 삶을 불러 모을 수 있다. 연대권에 해당하는 목록은 그런 공통의 가치를 보여 준다. 그 가치 위에서 서로가 기억하고 마음에 두는 얼굴과 삶이 있는 한 더 이상 잊힌 것이 아닐 테다.

기대어 서지 않는 관계는 없다

고독한 개인, 인권, 연대의 딜레마

숲에 가 보니 나무들은
제가끔 서 있더군
제가끔 서 있어도 나무들은
숲이었어
광화문 지하도를 지나며
숱한 사람들이 만나지만
왜 그들은 숲이 아닌가
이 메마른 땅을 외롭게 지나치며
낯선 그대와 만날 때
그대와 나는 왜
숲이 아닌가

© 구본주 | 부부. 2003

20여 년 전, "졸업하고 뭐 할 거냐?"는 질문에 인권운동을 할 것이라 대답하니 '그게 도대체 뭔데?' 하며 뜨악한 표정을 짓는 사람이 전부였다. 그런데 나 역시 그들에게 인권이 무엇인지, 인권운동이 무엇인지 제대로 설명해 줄 수 없었다. 하지만 '차차 공부하면 알게 되겠지.'라는 심정으로 무턱대고 시작했다. 그런데 처음부터 큰 산을 만났다. 인권의 개념이라는 것을 처음 공부하는데 도통 모르겠는 단어가 너무 많았다. 일상에서 쓰지 않는 단어가 많았다는 것이 아니라, 흔하게 쓰이는 것일수록 인권과 도무지 연결되지 않는 의미를 가진 것들이었다. 그렇게 다른 의미들 간의 거리 좁히기가 쉽지 않았고 아예 난공불락인 단어도 적지 않았다. 그 가운데 하나가 '개인주의'라는 단어였다. 국제인권법이며 철학서며 "인권은 개인의 것"이라 하고, "개인을 발명해 낸 것이 인권운동"이라 하는데, 여기서 개인이라는 것이 뭔지 도무지 알 수가 없었다.

일단 내 삶에서조차 개인이라는 것을 느껴 본 경우가 드물었다. 내 방은커녕, 가족만이 쓰는 화장실이나 욕실도 가져 본 적이 없던 나에게 사생활은 사치였다. 학교생활에서는 가방 수색, 이름표 검사, 머리와 치마 길이 단속, 거기다 속옷 검사까지 일상적으로 당했으니 개인이란 당치도 않은 소리였다. 머리가 큰 다음에는 남에게 꿀리지 않으려고 필요하지 않은 물건과 치장으로 생색을 냈다. 가족 모임, 종교 모임, 향우회와 동문회 등에 불려 나가는 것을 빼고는 자발적으로 만들어 함께하는 모임을 가진 경험도 없었다.

"모난 돌이 정 맞는다."고 "나서지 말고 살아라!" 하는 것이 주변에서 내 손에 쥐어 준 인생의 나침반이었다. "너의 성적표에 따라 미래의 남편 직업이 달라진다."는 말을 학업에 대한 채찍질로 알고 살았던 세대이다. 그 말을 바꿔 말하면, 사람은 끼리끼리 모이기 마련이고 어떤 패거리에 끼는지가 중요하다는 것이다. 그 어떤 기억 속에서도 나만의 고유한 의미라고 여긴 것은 떠오르지 않는다.

나 자신을 유일무이한 개인으로 생각해 본 적이 거의 없었듯이, 타인을 보는 눈도 비슷했다. 좋은 쪽으로든 나쁜 쪽으로든 아주 유별난 사람이라야 예외적으로 개인으로 여겨졌다. 특별한 개인 말고는 다 그렇고 그런 사람에 지나지 않았다. 요절한 인디 가수 달빛요정의 노래 가사처럼 "사시미"가 되고 싶은 "스키다시 내 인생"을 사는 처지에서는 나라는 개인을 내세울 수가 없었던 것이다. 노벨상 수상자처럼 너무 잘나고 눈부셔서 발뒤꿈치도 따라갈 수 없을 것 같은 영웅적인 사람, 또는 슈바이처 박사처럼 아주 드물게 출현하지만 세상의 불의를 고치기 위해 자신의 모든 것을 바쳤다는 숭고한 사람만을 특별하게 개인으로 생각했다. 그런 사람들만이 뭔가 개인으로 존중받을 만한 것 같았다. 반대로 드라마 속 전담 악역처럼 너무 야무지셔서 털끝 하나 남에게 양보할 것 같지 않은 얄미운 사람, 또는 "사회고 세상이고 그런 게 어디 있느냐?"며 "세상에 기준 될 것은 나밖에 없다."고 하는 기고만장한 사람이 있다. 나처럼 평범하게 납작 엎드려 있느니 차라리 그렇게 악역의 주인공 역할이라도 튀는 것이 개인주의에 어울린다는 생각도 했다.

이런 경험과 생각으로 수십 년을 살아온 내가 '인권운동의 성과'라는 개인주의는 무엇이며 그 속에 들어 있는 개인이란 것은 뭘까?' 궁금했던 것은 어쩌면 당연할지도 모른다. 개인다운 물증이 없는 개인, 패거리 속에 숨은 개인, 천상천하 유아독존인 개인, 소유하고 잘난 척하는 개인 등 그 종류도 많고 개인주의에 따른 탈도 많다. 그런데 인권운동은 도대체 왜 개인주의라는 것을 만들어 냈는지 알 수가 없었다.

하도 답답해서 풍속사니 경제사니 하는 것들을 뒤져 보기도 했다. 풍속사에는 개인의 발견을 증명하는 갖은 소품이 등장했다. 16~18세기 서구의 근대화를 배경으로 초상화, 일기, 편지 등 개인의 방을 뒤져 댄 이야기였다. 16세기에는 명사가 아닌 일반인까지 자기 초상화를 원하게 되었고, 자기성찰의 절정을 형성했다는 18세기에는 유명인사의 자서전만이 아니라 일상의 내밀함을 기록하는 일기라는 것을 통해 보통 사람도 자기만의 세계에 대해 생각하고 쓰게 됐다는 이야기였다. 경제 발전 수준에 따라 시기의 차이가 나기는 하지만 생활공간에서도 변화가 일어나 배설이나 목욕 등을 대놓고 남들 눈앞에서 하지 않고 은밀히 처리하게 됐다는 이야기도 있었다. 결국 이런 변화들을 통해 개인에 대한 인식이 싹텄다는 설명이었는데, 그럼 공중전화가 개인 휴대폰으로, 온 가족이 함께 쓰던 요강이 방마다 딸린 화장실로 바뀐 것처럼 이전에 공유하던 것을 사적으로 누리면 누릴수록, 즉 더 많은 물질을 통해 소비 수준이 높아지면 사람들은 더 개인다워진다는 말인가? 그런 소비 수준을 따라 잡을 수 없는 대다수 사람은 개인답지 못하고 개인의 대접을 받을 수 없는 것인가? 나에게는 이런 볼멘 물음이 들었다.

경제사로 눈을 돌려 보면, 자본주의의 출현과 개인의 등장을 쌍으로 이야기하고 있었다. 인권의 사상적 계보는 자본주의 이전부터 있었지만 그 사상이 보편적으로 받아들여지기 위해서는 경제사회적 기반이 필요했다고 한다. 보편적인 상품 교환 사회의 성립, 즉 토지와 사람의 노동력을 포함하여 모든 것을 사고팔 자유를 허용하는 사회의 출현 말이다. 또한, 그런 보편적인 상품 교환이 이뤄지는 시장에서는 누구나 '일 대 일'로 만난다는 점이 중요하다. 결국 개인이 자유롭게 이동하고 자유롭게 경제 활동을 펼

치려면, 타고난 신분에 구속되고 땅에 결박되어 사는 삶을 강제하는 봉건제로부터의 해방이 필수였다.

하지만 해방이 거저 되는 법은 없다. 결국 이전 체제를 고수하려는 구세력과 그를 비호하는 공권력에 맞서 싸워야 했다. 이 싸움을 통해 등장하고 단련된 권리들이 인권의 초기 내용을 이룬다. 신체의 자유, 소유권의 자유, 사상의 자유, 이 세 가지가 봉건제와의 싸움에서 선두에 섰다. 툭 하면 "저놈 잡아 오너라!" "족쳐라!" 식의 자의적인 체포와 과세, 불합리한 간섭과 통제로 자유로운 경제 활동을 교란시키는 절대 권력, 하나의 진리를 강요하고 그것을 의심하고 도전하는 일을 이단으로 단죄하는 독선의 체제 속에서는 경제 활동이 됐든 정신 활동이 됐든 어떠한 자유도 요원했다. 이런 상황에서 "내 몸을 함부로 잡아 가두거나 처벌할 수 없다." "내 몸을 갖고 내 스스로 일해서 얻은 재산에 대해서는 국가가 아무런 권리를 주장할 수 없다." "나의 신념에 대해 간섭할 수 없다."며 신체·소유·사상의 자유라는 삼두마차를 내세워 "모든 사람은 날 때부터 자유롭고, 평등하게 권리를 가진다."는 인권의 대표 구호가 울려 퍼지게 된 것이다. 이 구호는 기존의 전통과 관념, 신분 질서와 제도에 대한 충성심에 저항하고 그것들을 깨부수는 데 대단한 역할을 했다. 개성을 억압하는 전통, 물려받은 정체성과 기존의 질서에 대해 충실할 것을 강요받는 데서 개인이 해방된 것이다.

인권의 목록에서 선구자에 해당하는 권리들이 등장하게 된 배경 설명은 이러했다. 그럼 이제 전통적인 지배에서 벗어났고, 답답한 공동체를 떠나 어디든 갈 수 있고, 타고난 신분과 관계없이 제 실력으로 설 수 있게 되었으니 개인은 출현하고 완성된 것인가? 이러한 물음에 바로 답을 할 수는 없을지언정, 봉건 시대도 그 속에서 농노 살이도 경험해 보지 못했으니 해방의 맛도 모르겠는 나를 포함한 숱한 개인은 어쨌든 '자유인'이란 호칭으로 살아가게 되었다.

하지만 맥락이 바뀌면 투쟁의 대상도 바뀐다. 봉건제로부터 해방된다는 것은 자본제에 구속된다는 것, 또 다른 부자유의 출현을 뜻했다. 또한 3대 자유의 삼두마차를 탄 것은 신흥 부르주아였지 민중은 봉건제의 최후 발악과 신흥 부르주아의 새로운 착취 양식, 둘 다를 동시에 겪으며 고통 받았다. 신체의 자유는 가난한 '장 발장'들에게는 사치였다. 부르주아는 인신 보호 영장을 요구하며 버틸 수 있었지만, 장 발장들은 배고파 훔친 빵 한 덩어리로 극형을 감수해야 했다. 소유권의 자유는 부르주아들의 '부에 의한 부의 추구'를 거칠 것이 없게 만들었지만, 소유할 것이 없는 사람에게는 타인의 배타적 소유권으로 인해 쫓겨나야 한다는 것을 의미했다. 사상의 자유는 부르주아 식자층에게는 해방을 뜻했지만, 가난한 사람에게는 종교에 대한 비판이 허용되지 않았다. 오히려 지옥불의 심판과 천국의 희망은 더 강화되어 빈곤과 착취에 대한 불만을 다스리는 부자들의 처방약이 됐다.

　자유라는 이름의 부자유라…… 실제로 지금 여기의 우리는 자유로운 계약이라는 미명 아래 갖은 임노동 관계에 얽혀 있으면서도 목구멍이 포도청이라 참고 살아간다. 이런 부자유한 종속 상태를 자유라고 부르는 모순 속에 살고 있는 것이다. 인권의 이념이 봉건제로부터의 해방에서 큰 역할을 하고 개인을 발명해 냈다고 하지만, 이렇게 자유의 가면을 쓴 부자유한 개인의 상태를 옹호하는 것이 인권의 역할은 아닐 테다.

　이렇게 개인주의와 인권에 대해 이것저것 공부해 보고 고민해 보면서 좇아 왔으나, 도무지 개인과 인권이 어떻게 서로에게 힘이 되는 관계로 맺어질 수 있는지 알 수 없었다. 그동안 모래밭에 묻힌 구슬을 파내듯이 인권 사상이 공동체와 전통의 굴레로부터 개인을 발굴해 냈다지만, 어느새 타인과의 관계없이 홀로 설 수 있는 개인, 타인의 권리와 상관없이 자기 이익을 마음껏 도모할 수 있는 개인의 자유라는 환상 속에서 정작 대부분의 사람들은 개인으로 인정받지 못할 부자유한 처지에 놓이게 된 것이 사실이다. 그렇다면 이제는 그런 처지의 사람들은 고유한 자기, 자유로운 개인이 되기 위해 모여야 할 때가 아닐까? 소위 '연대하는 개인주의'의 일원으로 말이다. 이런 생각을 하게 된 것은 한 소년과 아저씨를 만나고 나서였다.

소년을 만난 것은 서울 변두리, 재개발이 코앞에 닥친 누더기 건물에서였다. 인근 지역 청소년들의 공동체 활동을 모색하는 단체 사무실이었다. 사무실도 컵도 칠판도 어느 것 하나 변변한 것이 없었다. 그날 나의 미션은 그곳의 청소년들에게 유엔아동권리협약을 설명하는 것이었다. 시작부터 '미션 임파서블'이라는 생각이 들었다. 유엔아동권리협약은 국제 인권 조약 가운데서도 권리 목록이 많을 뿐만 아니라, 웬만한 국내법보다 구체적인 것으로 유명했기 때문이다. 그만큼 한국 사회의 현실은 일반적인 기준과 한참 동떨어져 있다는 말이기도 하다. 일례로 협약 제14조는 '아동의 종교와 신념을 표현하는 자유'를 또 제15조는 '아동의 결사의 자유와 평화적 집회의 자유'를 규정하고 있다. 하지만 한국의 종교 법인이 설립한 학교들에서는 학생들이 집회를 도모하고 참가하는 것만으로도 정학 등 중징계에 처하면서, 특정 종교 의식을 의무로 강제하고 있다. 또한, 아이들에게 밥을 잘 먹이자는 무상급식 운동에 대한 호응은 컸지만, 아동과 청소년의 양심과 표현의 자유를 보장하자는 '학생인권조례' 제정 운동은 상대적으로 고전한 데서 볼 수 있었듯이 아이들의 인권에 대한 어른들의 인식과 대응은 유엔아동권리협약의 그것과는 격차가 크다. 이렇게 한국 사회의 현실과 한참 동떨어져 있는 유엔아동권리협약을 아이들에게 설명하는 일은 실로 불가능에 가까운 일로 여겨졌다.

그날 참여자들은 대개 실업계 고교 학생들이었는데, 궁핍할 것이 뻔한 가정환경과 입시 교육의 변방에 놓인 실업계 교육의 배경을 가진 그 학생들에게 '내가 읊어 댈 권리라는 것이 얼마나 황당하게 여겨질까?'라는 생각에 나는 처음부터 움츠러들기만 했다. 그런데 너무나 진지한 표정의 한 여드름투성이 얼굴이 나를 뚫어지게 응시했다. 나는 그 얼굴에 빨려 들어갔고 미션 임파서블이라 생각했던 강의를 무사히 마쳤다. 두렵기만 한 질문과 토론 시간이 왔다.

"우리 학교에선 엄청 때려요. 청소년의 권리 이런 걸 학교 가서 말하면 더 맞을 거예요."

"학교 선생님들이 이런 걸 알고 있나요? 국제 인권 기준이라면서요? 그럼 선생님들도 아는 것 맞아요?"

"죄다 좋은 말이긴 한데, 그런 걸 누가 지켜요? 학교에서 우리는 휴지 줍고 청소할 때만 학교의 주인이래요."

예상했던 반응들이 쏟아졌다. 나는 "신념을 갖고 애쓰다 보면 좋아질 거"라는 자기계발서보다도 힘이 못 되는 어설픈 응대를 이어 갔다. 그때, 강의 내내 날 응시했던 그 소년이 얼굴에 핀 여드름보다도 더 벌겋게 된 표정으로 입을 열었다.

"저는요, 오늘 들은 얘기가 안 먹힐 걸 알아요. 오늘 들은 인권 기준에 맞춰 학교와 사회가 당장 바뀌지 않는다는 것도 잘 알아요. 그런데 저는 기분이 너무 좋아요."

비웃음과 호기심이 섞인 술렁거림이 있었다. 나는 물었다.

"왜 기분이 좋아요?"

"제가 이상한 아이가 아니란 걸 알았거든요. 그동안 학교에서나 집에서나 이건 아니다 싶은 게 많았어요. 그런데 제가 그런 생각을 말하면 다들 저보고 삐딱하다고 했어요. 맨날 그런 말을 듣다 보니 저도 '난 정말 이상한 사람인가 보다.' 했어요. 그런데 오늘 알았어요. 제가 삐딱한 아이여서 그랬던 게 아니란 걸요. 제가 이상해서가 아니라 인권을 가진 존엄한 사람이기 때문에 부당함을 느꼈던 거예요. 제가 옳다는 걸 알게 된 것만으로도 너무 좋아요. 저는 자유를 느꼈어요."

나는 쓴맛으로 끝날 인권 이야기를 입맛 당기게 만들어 준 그 소년의 고백이 고마웠다. "권리를 갖는다." 또는 "권리를 누린다."가 아니라 "자유를 느꼈다."는 표현이 신선했다. 소년의 자유에 대한 고백을 곱씹어 보니, 그 소년이 느낀 자유는 왠지 노예 해방과 비슷하다는 생각이 들었다. 들려주는 대로만 생각하고 시키는 대로만 행동할 것을 강요받는 처지에서 '나는 그런 존재가 아니다.'라는 각성을 한 것이니 말이다. 학교나 집에서 정해 준 선악에 따른 규범을 거부하고 스스로 생각하고 판단할 줄 아는 '자기'를 찾았을 때 자유를 느낀 것이다. 그런 자기는 권리협약에 적힌 권리들을 통해 뭘 장담 받고 챙길 수 있는지 '외부의 조건'을 따지지 않는다. 설령 타율에 의해 그 권리들의 실현이 가로막힌다 할지라도 크게 상심치 않는 이유는 그런 타율이 자기의 자유를 어찌지는 못한다는 그 소년의 용기 때문이다. 소년은 그 권리들을 필요의 만족을 추구하는 데 쓰는 도구가 아니라 자기의 자유를 뒷받침하는 원군으로 여긴 것이다.

 하지만 그 자기를 지켜 가며 사는 일이 쉬울 리는 없을 것이다. 그래서 자주 그 소년을 생각하고 걱정하게 된다. 너의 값어치는 요만큼이라고 주입하는 싼 노동을 전전하며, 가슴 졸이며 쳐다본 사랑에 "니 사랑엔 돈이 더 필요하다."는 회신을 받으며 무너져 내리진 않았을지……. 주변이 어떻든 나만 괜찮으면 된다는 안온감과 달리 자유는 자기답기 위해 분투해야 얻을 수 있는 것일 테니까. 그런 면에서 자유로운 개인은 안락하고 평온한 것과는 거리가 멀다. 진정 자유로운 개인은 '자신을 존경하고 사랑하는 것'을 개인주의로 여기기에, 자기의 생각을 존중하고 자신의 결정을 책임지기 위해 나를 자율학습 시킬 것이다. 나를 존경하는 행동은 나에게 옳고 그름을 고뇌하게 하고 때로는 자신을 아주 쓸쓸하게 만들 수도 있다. 그러다 보면 타인의 눈에는 나 자신을 해치는 것이라 보이는 그러한 기준으로부터도 벗어나야 한다. 개인주의가 평화롭게 발현되도록 가만 놔두는 일은 드물기 때문이다. 그로 인해 수난 받는 개인들은 적지 않다.

강용주라는 아저씨를 알게 된 것은 어느 해 겨울이었다. '양심수 강용주를 후원하는 모임'의 회원이라는 분이 전화를 해 왔다. 강용주 씨의 어머니가 칠순을 맞으시는데 인권 단체에서 와 줬으면 한다는 전화였다. 옥중에 수많은 양심수가 있던 시절이라 이런저런 챙겨야 할 사건이 많았다. 솔직히 '공식적인 일로도 바빠 죽겠는데 가족의 생일까지 챙겨야 하나?'라는 생각이 들었다. 하지만 옥중에 외아들을 두고 쓸쓸해할 늙은 어머니를 생각하니 차마 외면할 수가 없었다. 동료와 함께 내복을 사들고 외진 동네의 후미진 식당을 찾았다. 칠순 잔치라 하기에는 조촐하다 못해 외로움이 가득한 자리였다. 돌아오는 길 내내 강용주라는 사람에 대한 궁금증이 점점 커져 갔다.

그는 5.18 광주민중항쟁 때 도청을 지키던 고등학생이었다. 그가 의대 2학년 때, 미국 유학을 다녀온 고교 선배를 만나게 됐다. 그냥 미국 생활이 궁금해서 만난 안부인사 자리였다. 그런데 그 일로 덜컥 '구미 유학생 간첩단'의 일원이라는 죄를 뒤집어썼다. 선후배의 만남은 재미 북한 공작원에 포섭된 유학생이 고향의 후배를 포섭해 폭력 시위 등을 사주했다는 거대 음모로 둔갑됐다. 관련자 모두가 고문의 희생양이었다. 고문으로 강요된 자백 말고는 아무런 증거도 없는 범죄에 스물네 살의 강용주는 무기징역을 때려 맞았다. 그 뒤 20년 형으로 감형됐다가 형 집행정지로 14년 만에야 감옥 밖 세상으로 나올 수 있었다. 그렇게 중년이 되어서야 못 다했던 공부를 다시 시작했고, '안 아프기 위해 노력한다.'는 뜻을 가진 '아나파 의원'의 의사 선생님이 됐다. 또한, 강 씨와 또 다른 고문 피해자들이 마음과 돈을 모아 만든 '진실의 힘'이라는 고문 피해 진상 규명과 치유를 돕기 위한 재단의 일로 지금은 병원 일 말고도 바쁘다.

사실, 그에게는 14년보다 더 빨리 감옥 밖으로 나올 기회가 있었다. 예전에는 양심수들을 겨냥한 전향 제도라는 것이 있어서 "내 생각이 잘못됐다. 맘을 고쳐먹었다."고 고백하면 더 빨리 내보내 주었고, 전향을 하지 않는 사람은 더 가혹하게 다루는 일이 다반사였다. 그런데 전향 제도는 일제의 잔재였고 온갖 인권 침해로 범벅됐기에 혹독한 비판을 받고 한때 퇴장했다. 그런 것이 1990년대에 모양새를 바꿔서는 '준법 서약서'라는 이름으로 재등장했다. 그깟 종이 한 장에 서명만 하면 된다니 그 유혹은 대단했을 것이다. 눈 질끈 감고 서명하면 칠순의 어머니 곁으로 올 수 있었다. 그런데 강용주 씨는 그렇게 하지 않았다.

"면회 시간 내내 그놈의 서약서 문제로 갑론을박, 티격태격, 아웅다웅하느라고 다른 얘기는 하나도 못했거든요…… '사람이 다니는 대문을 놔두고 개구멍으로 기어나갈 순 없다.'고 원칙적으로 말할 수밖에 없었습니다. 왜 제가 서약서를 안 쓰고 그냥 갇혀 있겠다고 하느냐고요? 권력 앞에서 제가 가지고 있는 내심의 생각을 게워 내고 심사받아야 한다는 데 동의할 수 없기 때문입니다. …… 차라리 서약서에 불복종하여 계속 갇혀 있는 것이 제 '양심의 법정'에선 떳떳한 일입니다."(1998년 7월 15일자 강용주의 옥중편지)

사상의 자유를 운운하기에 앞서 그는 자기를 사랑하고 싶기에 휘둘리고 싶지 않다고 했다. 우여곡절 끝에 그는 감옥 밖으로, 개구멍이 아닌 대문으로 당당히 걸어 나왔다. 하지만 세상은 여전히 그의 자기 사랑을 방해하고 있다. 강 씨와 같은 개인주의를 고집하는 사람, 즉 준법 서약서를 거부하고 옥살이를 하고 나온 이에게는, 어떻게 살고 있는지 당국에 보고하도록 강제하는 보안관찰법이라는 것이 집행되고 있기 때문이다. 그는 누구를 만났는지 어디로 여행을 갔는지 무슨 모임에 나갔는지 일일이 당국에 신고할 의무가 있다. 신고 의무를 다하지 않으면 긴급 체포되거나 벌금을 물어야 한다. 어느 날 신고 의무를 다하지 않아 벌금을 물어야 했다는 그는 "차라리 감옥에 잡혀갔을 때는 링에 오른 것이기에 맞붙어 싸울 수 있었는데, 이제 국가가 링으로 불러올리지도 않고 벌금을 때려 버리니 맞붙어 볼 수도 없어 우울하다."고 했다. 하지만 그는 같은 처지의 고문 피해자들과 만나는 일을 멈추지 않고 있다. 그는 자기가 싸울 링을 스스로 만든 것이다. 이런 강 씨 아저씨의 삶을 나는 '연대적 개인주의'라 부르고 싶다.

자기 자유를 실천하는 일은 꼬리에 꼬리를 물고 이어졌다. 그런 만남의 끈 가운데는 쌍용자동차 해고자, 가족과의 집단 상담으로 연대란 무엇인가를 보여 준 정신과 의사 정혜신 씨도 있다. 정혜신 씨와 고문의 경험을 나눴던 강용주 씨와 고문 피해자들은 쌍용자동차의 상처와 자기들의 상처가 서로 통하는 것이라며 고문 피해에 대한 국가배상금을 지원금으로 선뜻 내놓았다. 그런 연대를 통해 쌍용자동차 노동자들과 만나 세상에 자기 상처를 내보이고 함께 어루만지는 일이 생긴 것이다. 또, 그 쌍용자동차 노동자들은 평택에서부터 물집이 터져 가며 걸어서 부산에 있는 한진중공업 노동자들을 만나러 갔다. 그리고 한진중공업 노동자들은 서울에 차려진 쌍용자동차 관련 희생자 합동 분향소를 지키러 올라왔다.

 꼬리를 물고 이어지는 끈 속에 등장하는 개인들은 만남을 통해서, 나만 아픈 것이 아니며 저 사람의 고통이 내 고통과 같다는 것을 느꼈다. 이 대목에 이르러서 뒤늦게나마 나는 인권운동은 왜 개인을 발명해 냈고 개인주의를 옹호하는지 어렴풋이 감을 잡을 수 있었다. 자유를 느끼고 자기를 찾은 소년, '자유는 자기를 모두 던지는 싸움이고 실천'이라는 것을 보여 준 아저씨, 그런 '자기'들의 만남이 인권에 참다운 의미를 불어넣는 것이다.

그런데 세상에는 '자기'가 되지 못하고 온전한 개인으로 인정받지 못하는 사람들이 참 많다. 그러기에 인권에서의 개인주의는 개인이 되지 못한 사람이 한 명도 남아 있게 하지 않겠다는 야심을 품을 수밖에 없다. 어느 한 사람도 도매금으로 떨이할 수 없는 존재임을 지켜 내려는 당돌함이다. "가만있지, 왜 그래?" "걘 그렇고 그런 사람이야."라는 소리에 흔들리지 않고 주제넘어 보인다는 손가락질을 두려워하지 않으며 건방 떨 필요가 있다. 그대로 납작 엎드려 있으라는 금을 넘어서야 하기 때문이다. 온전한 한 사람으로 존재하고 그렇게 살아야 한다는 것을 깨닫고 움직이는 일이 처음에는 주제넘은 짓으로 보이기 마련이다.

그런데 한 가지 궁금하다. 누구에게 당돌하고 건방 떤다고 보이는 것일까? 극복한 입장, 성공한 입장, 터부시되지 않는 입장에서 그렇게 느낄 것이다. 하지만 극복돼야 할 장애이고 찌질한 루저이고 외면될 부정한 것으로 찍혀 온 입장에 서 왔다면, 당돌해지는 것 말고는 다른 선택의 여지가 없다. 연대적 개인주의는 그런 차가운 시선을 뚫고 이런저런 핑계로 개인이 되지 못한 사람을 개인으로 대접하는 일이다. 개인 취급을 받지 못한 사람을 개인으로 받드는 데서 이미 문제 해결은 시작된 것이다.

또한, 상상력은 연대하는 개인주의가 가진 제일 좋은 무기이다.

나와 같으면서도 엄청 다른 타인들을 얼마든지 그려 볼 수 있다. 상상력만 있다면 나보다 앞서 살았던 타인이나 앞으로 올 세상의 누군가와도 대화할 수 있다. 그런 상상력을 발휘하면 자기가 지금 결정하고 행동하는 것들에 책임을 느끼지 않을 수 없다. 쓱싹 뭉개고 사는 것이 불가능한 삶의 태도가 좀 피곤하기는 하겠지만 말이다.

몇 년 전 인터넷에서 〈세상에 나가면 알게 되는 43가지 진실〉이라는 글이 선풍적으로 인기몰이를 했다. 대표적인 것 몇 개만 봐도 무슨 소리인지 감이 잡힌다. "나까지 나설 필요는 없다." "헌신하면 헌신짝 된다." "이런 인생으로 자서전도 쓸 수 없다." "지금 쟤 걱정할 때가 아니다. 내가 더 걱정이다." 이런 지적 앞에 많은 이들이 "맛아, 맞아!"라고 고개를 까딱거리면서도 한편으로는 씁쓸해했다.

연대하는 개인주의라면 이런 세상의 진실을 어떻게 바꿔 쓸까 생각해 봤다.

"나까지 나설 필요는 없다? 나는 '그래도, 나는, 나만은 괜찮겠지.'라는 요행을 절대 믿지 않는다. 이건 내 문제니까 내가 나서야지. 나까지 나선다면 게임 끝난 거다. 나까지 나섰다면 나설 사람은 이미 다 나섰을 테니까."

"헌신하면 헌신짝 된다? 헌신하니까 홀가분한데. 나의 개인주의는 나를 누군가의 수단으로 내주지 않겠다는 행동이다. 또 타인을 누군가의 수단으로 내주지 않겠다는 가오이기도 하다. 헌신 짝 취급 당했다면, 이미 수단으로 동원될 것을 내가 승인했다는 말이 되는데…… 공익이니 대의니 하는 것을 위한 개인의 헌신을 기쁘고 자랑스럽게 받아들이라는 말 따위는 내겐 애초에 입장 사절이다."

"이런 인생으로 자서전도 쓸 수 없다? 내 말을 들어 주는 사람이 있는 한 자서전은 이미 시작됐다. 일단 나 자신으로부터 시작했다. 나 자신이 내 말을 듣고 있는 한 자서전은 이미 시작된 것이다. 고맙게도 내 말을 들어 주는 타인이 있다면 우린 서로의 자서전을 쓰고 있는 것이다."

"지금 쟤 걱정할 때가 아니다. 내가 더 걱정이다? 걱정이라도 같이 하니 나는 방관자로부터 책임자로 변했다. 걱정하는 순간 그 고통의 주인공이 남이 아니라 바로 나라는 걸 알았다."

나는 주인이니 주체니 하는 단어보다 '자기'라는 말을 더 좋아한다. 나 자신을 스스로 사랑스럽게 부르는 말로 느껴져서이다. 내가 없다면 세상도 없다. 마찬가지로 자기가 없는 연대는 있을 수 없다. 기껏해야 머릿수를 채우고 세를 과시하려는 동원일 것이다. 내가 고유한 자기를 느끼지 못하고, 자기를 초라하고 보잘 것없다고 학대할 때 그렇지 않다고 야단 떠는 이들이 있기에 다시 웃게 된다. 나에 대한 모욕에 같이 싸워 주는 다른 자기들이 없으면 나를 지킬 자신이 없다. 그런 자기들이 만나서 서로의 낯을 세워 주는 것이 연대하는 개인주의일 것이다. 어쩌면 시인 정희성의 〈숲〉이라는 시가 그 어떤 기나긴 설명보다 이를 잘 드러내 주는 것은 아닌가 생각이 들기도 한다.

숲에 가 보니 나무들은
제가끔 서 있더군
제가끔 서 있어도 나무들은
숲이었어
광화문 지하도를 지나며
숱한 사람들이 만나지만
왜 그들은 숲이 아닌가
이 메마른 땅을 외롭게 지나치며
낯선 그대와 만날 때
그대와 나는 왜
숲이 아닌가

그들은 왜 나의 청춘을 멋대로 사유화하는가?

패거리 집단과 연대의 갈림길

"내가 노동자요." "내가 빈민이요." "내가 채무자요."
"내가 바로 박해 받는 소수요."라는 인식과 선언은
"나는 그런 처지가 아니지만" "나는 다행히 빠져나가고
성공할 수 있지만"이라는 가정법을 버리고 모두가 걸려들어
숨막혀하는 그물망을 찢어 보자고 달려드는 자세이다.
대변하고 대신하는 일은 관둘 수 있지만,
내가 나를 드러내 놓고 살려고 하는 일은
관둘 수도 물러설 수도 없다. 우리만이 무언가
숭고한 것에 헌신하고 있다는 '분위기' 연대와 '자족'의 연대가
연대에 대한 불량학습을 유도해 온 것은 아닌지. '나도 할 수 있는 일,
해 보고 싶은 일'로서의 연대가 아니라 '아무나 못하는 일, 다가갈 수
없는 일'로 여겨지는 효과를 낳은 것은 아닌지. 386이라는
씁쓸한 옛 용어를 떠올리며 되짚어 본다.

© Dan Jones

몇 년 전, 한 고시원에서 참사가 발생했다. 일용직 노동자와 실업자의 삶에 어중간하게 걸쳐 지내던 한 사내가 자기가 거주하던 고시원에 불을 지른 것이다. 불을 피해 뛰쳐나오는 사람들을 향해 칼까지 휘둘렀다. 여럿이 죽고 다쳤다. 희생된 사람들 또한 그 사내처럼 세상에 위태위태하게 발을 걸치고 살던 사람들이었다. "세상이 나를 무시한다. 살기가 싫다"는 것이 그의 범죄 이유였다. 그런 일을 소위 '묻지 마 범죄'라 칭하지만, 그의 말에서 드러나듯 사실은 '묻지 마'가 아니라 물음에 대해 분명하게 답하고 있는 것이다.

'왜 그랬냐고? 날 무시해서 그랬다. 왜 불특정 다수냐고? 내겐 죄다 상관없는 사람들뿐이야. 그 누가 됐건 내게는 다 똑같아. 날 패배자라 손가락질하고 전염병균 보듯이 보는 것들, 죄다 죽이고 죽고 싶었을 뿐이야……'

그런 일이 벌어질 때마다 "인간 같지 않다."거나 "짐승 같은"이라는 말이 달라붙고 "그런 것들"에게 무슨 인권이냐고 한바탕 난리가 날 뿐, 결과적으로는 그 "인간 같지 않은" 이가 제기한 원인에 대한 답은 묻혀 버린 채, 소위 "짐승"에게만 책임을 묻는 꼴로 결론이 나 버리고는 한다. 그러고는 이전까지 사회적 약자라고 칭해지던 사람들이 시한폭탄이나 위험 분자로 도색되기 시작한다. 그들을 눈앞에서 치워 버리고 싶고 그들로부터 문이란 문은 죄다 걸어 잠그고 싶어 한다.

내 사무실 근처 지하철역 앞에는 자그마한 공터가 있다. 나무 그늘이 우거져 있고 벤치가 꽤 여러 개 있어서 행상인들과 노인들이 잡담을 하며 시간을 보내는 곳이었다. 인근에 고시원들이 밀집해 있어서 더운 날씨에는 벤치에 나와 잠을 청하는 사람들도 있었다. 가끔은 대낮에 술판도 벌어졌다. 보기 좋은 광경은 아니었지만, 그것도 거리의 일부분이라 여겼다. 언제부터인가 그곳에 자리 잡는 사람들 수가 늘어나 그곳이 빽빽해 보인다 싶었는데, 아마 가까운 서울역에서 노숙인들을 퇴거 조치해서 일부가 이동해 온 것도 같았다.

그나마도 그들에게는 짧은 여름이었다. 어느 날 아침 지나다 보니 그 공터에서 그들은 깨끗이 치워져 있었다. 사람들이 앉거나 눕지 못하게 아예 벤치를 모두 철거해 버린 것이다. 누군가에게는 잠자리였고 평상이었고 장사터였던 그곳은 그냥 보도가 돼 버렸다. 물론 깨끗해졌다. 그런데 폐기물도 아닌 그 사람들은 어디로 가야 했을까?

이는 결국 극도의 배타성이 낳은 결과이다. 첨단 안전장치를 강화하고 거리에서 노숙인과 주취 폭력자 등을 쓸어버리는 것이 표면적으로 드러나는 정책이라면, 자신은 결코 취약층과 섞여 살지 않겠다는 마음속 다짐은 대다수 사람의 삶의 목표이자 생활이다. 어떤 부류에 속하느냐가 일생을 좌우한다며 그야말로 좌우명처럼 안간힘을 다해 애를 쓰고 있다. 그래서 사는 곳과 학군에 목을 매고, 중산층이라 불리거나 중간쯤이라 자부하는 사람들은 자식 교육을 위해서는 품팔이를 해서라도 과외비를 충당해야 한다. 좋은 대학이 좋은 일자리를 보장해 주지 않은 지 오래지만 그래도 여전히 가치 있는 클럽 멤버십이다. 어떤 부류의 사람들과 연을 형성하느냐가 중요하다. 유치원부터 대학원까지 연을 만들어야 한다. 두루 섞여 사는 것은 더 이상 미덕이 아니다. 섞이는 것은 불안이고 공포이다. 성공할수록 따로 세상을 만들어 안전지대에서 살고자 한다. 성 안에 들어가야지 성 밖에 있는 것은 너무 무섭다. "세상이 나를 무시한다."며 묻지 마 범죄를 저지르도록 만든 배타성은 더 센 배타성을 부른다. 더 좋은 약 효과를 보려고 더 센 약을 먹는 것과 같다. 더 센 안전장치와 신분 차이를 좇을수록 배타성은 한층 강화된다. 사회적 약자에 대한 천대와 가혹함과 더불어 공포와 불안도 깊어 간다. 배타성이 배타성을 심고 키운다.

동기와 같이 모교 교수님 조문을 가는 길이었다. 친구가 인상을 찌푸리며 이야기했다. "요즘 대학원에 학력 세탁하러 들어온 애들이 많아서 학교 분위기가 지저분해." 학력 세탁이란 학부 출신이 다른 사람들이 입학한 경우를 말한다. 그 얘기를 듣는 순간 나는 이렇게 말할 뻔했다. '아, 친구야…… 그러니까 우리가 위선적이란 말을 듣는 거야…….' 물론 이 말을 친구에게 직접 하지는 못했다. 여기서 '우리'란 소위 '386'을 말한다.

날마다 신조어가 튀어나오는 요즘에는 낡고 닳은 말이 돼 버렸지만, 한때 언론에 자주 등장했던 신조어 가운데 '386'이 있었다. 1980년대의 민주화 운동 속에서 청춘을 보냈고 정치권에 소위 '젊은 피'로 투입됐던 세대를 일컫던 그 단어는 그들의 자연적 노화와 정치적 후퇴 속에서 퇴색해 갔다. 386 가운데서도 앞선 학번들은 어느덧 50대의 나이에 들어섰고 일부는 정치적 추문 속에도 등장하게 됐으니 말이다. 꼭 정치적 무대가 아니더라도 그 세대는 조기 유학과 사교육의 열풍에 일조한 것으로 비판 받기도 한다. 과외 전면 금지 시대를 겪은 그들이, 개천에서 용 나는 것이 아니라 학력은 대물림 된다는 공식을 만들어 냈다는 이유에서이다.

그 386이라는 명명이 언론에 등장한 지 얼마 안 됐을 때였다. 어느 날 사무실로 전화 한 통이 걸려 왔다. 몹시 쑥스러워하는 음색의 전화였다. "저기요, 제가 거기 후원회원인데요. 너무 궁금한 게 있는데, 그것도 모르냐고 할까 봐 누구한테 물어보는 게 뭣해서요. 거기 계신 선생님들은 알고 계실 것 같아 창피하지만 전화를 걸게 됐습니다." 내가 모르는 문제면 어떡하나 잔뜩 긴장한 나는 뭐가 궁금하시냐고 물었다. "저기요. 제가 가방줄이 짧습니다. 하지만 사회 문제에 관심이 많고 신문과 시사 잡지를 열심히 읽고 있습니다. 그런데 어느 날부터 기사를 읽다 보면 '386'이란 말이 자꾸 나오던데 그게 뭡니까? 창피하지만 정말 궁금합니다." "네? 386이요? 아, 그게요……." 갑자기 전화기를 들고 있는 나의 입을 사무실의 모든 동료가 주시하고 있는 것이 느껴졌다. "컴퓨터 사양을 따라 지은 말이라고 하던데요. 얼마 전까지는 286급을 썼는데 386급이 최신이잖아요. 그래서 사회에서도 뭐 그런 386급의 역할을 하자는 취지로 어떤 모임에서 그렇게 지었나 봐요. 3은 30대를 말하고요. 8은 80년대에 대학 다닌 사람들의 학번을 말하고요. 그리고……." 그런데 6에서 생각이 나지 않았다. 머릿속이 하얘지고 왜 생각이 안 날까 진땀이 났다. 퀴즈 대회 막판의 그 "땡!" 소리가 나기 직전, 갑자기 나도 모르게 소리쳤다. "6은요, 60년대에 태어난 사람들을 말합니다." 동시에 주변에서 동료들의 안도의 한숨 소리가 들려왔다. 나중에 들어 보니 자신들도 그 순간 멈칫했다며, 내가 대답을 못하면 어쩌나 조마조마했다고 한다. 답변을 들은 분은 소원을 풀었다는 듯이 연신 고맙다고 한 끝에 전화를 끊었다.

그냥 한 통의 전화 해프닝이었지만 그 뒤로도 386이라는 말은 자주 나를 괴롭혔다. '이건 내 청춘의 얘기'라고 반가운 감정이 드는 것이 아니라 입맛이 쓰고 불쾌했다. 386에 대한 비판이 오갈 때마다 덧붙여지는 "그런 당신도 386이잖아."라는 도매금 취급이 싫었다. 잘 살았든 못 살았든, 그 어떤 것과도 비교 불가능하고 대체할 수 없는 나의 청춘이다. 잠깐 떠올리는 것만으로도 가슴 구석구석이 쑤셔오는 것이 누구나의 청춘이다. 그런 내 청춘의 시기를 한 부류의 소수가 이름 붙이고 사유화한다는 느낌이 영 개운치 않았다. 소위 기득권을 버리고 사회적 약자를 위해 투신한다는 식의 영웅적 서사도 싫었다. 그런 식으로 포장되고 기억되고 이용되는 것이 내 청춘을 누군가가 사유화하는 것으로 느껴졌다.

또한, 386이 한 세대로 얘기될 때마다 무안함과 미안함을 가질 수밖에 없었다. 같은 시대를 살았던 숱한 사람들을 젖혀 두고 일부를 지목하여 이름 부르는 것이 천부당만부당하기 때문이다. 대학생뿐만 아니라 남녀노소 최루탄 냄새를 맡지 않는 날이 없었던 1980년대는 여러모로 참 힘들고 아팠다. 나이 먹는 것은 싫지만 다시 젊어지기도 싫은 것은 그때로 돌아가 그렇게 힘들게 살 자신이 없어서이다. 나만 그런 것이 아니라 학교 안팎에서 김밥이나 군만두 등을 빨간 다라이에 담아 팔던 행상 아주머니들도 힘들었고, 마스크와 휴지를 팔던 아저씨들도 힘들었다. 시위 진압 때만이 아니라 막걸리와 춤판으로 난장이 된 대학가 축제를 지켜보며 내내 길바닥에서 밥을 먹어야 했던 전경이라는 이름의 또 다른 청춘들도 힘들었다. 그리고 대학생들이 거리를 장악하는 동안 어디선가 계속 일하고 있었을 70~80퍼센트의 대학생이 아닌 청춘들이 있었다.

비단 청춘뿐만이 아니었다. 같은 시대를 산 팍팍한 삶들이 참 많았다. 올림픽을 한다고 철거민들을 안 보이게 '치우는' 일이 아무렇지도 않게 저질러졌다. 공항에서부터 도심 진입로에서 보이는 지역의 일부 철거민들은 손님들 눈에 띄지 않도록 땅을 파고 굴속에 들어가 '꼭꼭 숨어라' 생활을 했다. 중학교 졸업식도 마치지 못하고 서울의 온도계 공장에 취직했던 15살 소년 문송면이 입사 두 달 만에 수은 중독으로 사망한 것도 그 무렵이었다. 농민들이 과도한 농가 부채로 야반도주를 하거나 농약을 마시는 일이 흔했다. 내가 농활을 갔던 마을에서도 농촌에서는 희망이 없다며 오토바이 타기에 몰두하던 한 고등학생이 농약을 마시고 자살했다. 평범한 어부가 하루아침에 공안 기관에 끌려가 모진 고문 끝에 간첩으로 발표되는 일도 자주 있었다.

비슷한 일을 열거하자면 끝이 없을 테지만, 그런 고통 속에서 서로 손 내밀고 서로 손잡았던 사람들이 있었기에 아프지만 아름다운 시절이었다. 유명한 386 가운데 하나이자 대표적인 소위 변절자로 지목되는 한 사람에 대해 "도저히 미워할 수 없다."고 말하는 분을 봤다. 그 시절, 연탄불도 부실한 산꼭대기 단칸방에 모여 앉아 오들오들 떨며 라면을 끓여 먹던 일, 그러면서 노동자의 삶을 얘기했던 기억 때문에 아무리 그 사람이 변했어도 그때 느꼈던 인간애를 잊을 수 없기 때문이라 했다.

그 시절을 민주화운동 시대라 부르는 것은 그런 숱한 고통을 겪으며 서로 돌아봤던 삶에 대한 그리움이지, 1960년대에 태어나 1980년대에 대학을 다닌 사람들의 전성 시대여서는 아닐 것이다. 그렇기에 역사의 한 시기를 특정 소수를 특별하게 만드는 이름으로 지어 부를 뿐 아니라 자신들 세력의 발판으로 삼고, 다른 청춘들까지 언급하지 않아도 우선 내 귀한 청춘을 특정 소수가 사유화했기에 분노를 느끼는 것이고, 함께 버티며 함께 그 시대를 만들었으나 이름 없는 사람들의 존재를 무시하는 일이기에 천부당만부당하다 여기는 것이다.

요즘 사람들은 별 관심도 안 갖는 386 얘기를 좀 길다 싶은데도 꺼낸 것은 구별 짓기와 배타성이라는 고질병이 극복되기보다는 오히려 더 지독해진 것이 아닌가 싶어서이다. 그러한 고질병은 무엇보다 오늘날의 지독한 스펙 쌓기 경쟁과 무관하지 않다. 스펙은 실력만이 아니라 자신이 가진 끈을 증명하는 방식이기도 하다. 종족, 피부색, 종파, 성차 등 각 사회마다 배타성이 기승을 부리는 요소(끈)가 있고 그런 요소로 인해 사회마다 부각되는 차별이나 갈등이 다른데, 한국 사회에서 제일 날뛰는 것을 뽑으라면 그 가운데 하나가 학벌주의일 것이다.

인권 교육을 할 때마다 으레 다루는 것이 차별 요소인데, 성소수자의 정체성이나 가족 관계 또는 장애 등에 따른 차별보다도 참여자들이 입 모아 강조하는 것이 학벌주의일 때가 많다. 또한 굳이 '지방 삼류대'니 '지잡대'니 하는 단어를 입에 올리며 자기 얘기를 학벌에 대한 고백으로부터 출발하는 사람들을 볼 때마다 당황스럽다. 그러한 고백 역시 학벌로 자신을 까발리고 관계를 시작하도록 강요되어 온 학습 때문은 아닌가 싶어서이다. 그런 자리에서 자주 나왔던 질문은 "왜 진보적이라는 사회단체들에도 소위 메이저 대학 출신들만 많고 마이너 대학 출신 또는 대학 안 나온 사람은 찾아볼 수 없느냐?"였다. 자기는 취지보다는 사회운동 쪽에 관심이 많은데 거기에도 역시나 스펙이 필요하더라는 좌절이 담긴 분석에서 나온 질문이었다. 딱히 답할 바를 몰라 우물거리는 나 대신에 '마이너 대학 출신 여성'의 입장에서 본 것이라며 자기의 분석을 내놓은 사람이 있었다.

그녀에 따르면, 메이저 출신들은 밥벌이가 안 되는 운동을 하더라도 고액 과외 등을 통해 생활을 유지할 방도가 있었다. 또, 고액 과외가 아니더라도 그 운동가가 남성이라면 집안에서 '언젠가 한 자리 할 것'이라는 기대감으로 참아 주고 뒷받침해 주었다. 게다가 배우자가 비슷한 배경의 사람이기에 소위 '등처가'나 '업처가'로 사는 것이 가능했다. 그리고 좋은 데 취직한 선후배들이 어느 정도의 부채감으로 이리저리 모아 주는 지원도 있었다. 한마디로 동원할 자원이 많았다는 것이다.

반면에 마이너 출신들은 운동을 할 뜻이 있다 해도 고만고만한 집안 출신들이 대부분이라 가족 부양의 책임을 전적으로 져야 하고, 고액 과외 자리는커녕 가족이나 동문의 힘을 기대할 수 없었기에 버티지 못했다. 결론은 동원할 수 있는 자원의 차이라는 것이었다.

386이라 해서 다 같은 386이 아니라는 지적도 있었다. "386이라는 이름의 구별 짓기와 배타성에 대해서도 내부적으로 더 파고들면 그 안에서 구별이 더 있지 않았느냐?" "데모도 서울대 출신이 해야 인정받고, 같이 데모를 하다 잡혀도 네 인생도 책임 못지는 주제에 이런 것을 하느냐는 면박을 주지 않았느냐?" "옳은 일도 할 만한 사람들이 하는 것이고, 내 코가 석 자인 사람들은 기웃거릴 수 없는 일이 아니었느냐?"라는 지적이었다.

가슴이 턱 막히는 얘기였지만 뾰족하게 부인할 방법이 없었다. 물론 반론도 있었다. "사람을 출신으로 구분하고 재단하는 것을 반대하는 게 인권 아닌가? 그런데 학연, 지연, 혈연 등의 동질성에 근거한 연고주의로 기득권을 누리는 사람들의 세계관과 지금 지적한 그 방식은 마찬가지 아니냐?" "어떻게 기득권층과 똑같은 잣대로 그런 악의적인 분석을 할 수 있느냐? 그런 말은 삼갔으면 좋겠다." 그런 논쟁이 벌어질 때마다 난 토론 촉진자로서의 내 역할을 잊고 목석이 되고는 했다.

한 세대를 특정 단어로 싸잡는 것이 문제라면, 문제점을 구체적으로 지적하지 않고 싸잡아서 기분 나쁘다고 하는 것도 역시 마찬가지다. 난 도대체 무엇이 기분 나쁘고 우려되는 것이었을까? 한국 사회의 연고주의, 특히 혈연·지연·학연에 대한 집착의 문제점을 새삼 되풀이 말할 필요는 없다. 그보다는 소위 의로운 일에도 작동하는 연고주의가 연대를 유사 연대 또는 사이비 연대로 타락시키는 것은 아닌지 진지하게 고민이 되었다.

학벌주의가 기회와 자원을 학벌에 따라 편중되게 배분한다는 문제를 넘어, 옳은 일에도 자격을 요구하는 패배감을 주었다면 그것이 더 큰 문제가 아닐까 싶다. 그렇다면 결국 사회 구성원 다수에게 타자화를 강요했다고 할 수 있을 테니 말이다. 학벌주의는 나에 대한 수치심과 자격지심으로 나 자신부터 타자화하게 만드는 것이다. 결코 나 자신일 수 없는 엉뚱한 모델을 나로 여기고, 그 모델에 끼지 못하는 타자들을 적으로 취급하고 비교하게 만든다. 다양성을 인정하지 못하겠기에 학벌이란 잣대로 평가된 나를 보며 비참하기만 하다. 타인의 고통을 대변할 만한 자격과 능력을 갖춘 사람과 그렇지 못한 사람을 구분하며 정작 해야 될 일로부터 나를 떼어 놓는 것이 이런 타자화의 결과이다.

화장실 가기 귀찮을 때 우스꽝스런 말로 "내 대신 누고 와!"라고는 한다. 하지만 그게 불가능하다는 것을 우리는 알고 있다. 마찬가지로 누군가를 대신하여 의견을 말하거나 누군가의 역할을 배우가 맡아 표현하는 것처럼 타자의 처지와 심정을 전달하는 일은 늘 모자라거나 원래의 그것과는 차이가 나기 마련이다. 그런 탓에 사명감을 갖고 사회적 약자를 대변하려 해도 자리가 없을 수가 있다. 더구나 대변하려는 사람에게 자격미달이라는 딱지가 붙으면 누구도 그 말을 들으려 하지 않을 것이다. 반면, 그렇게 할 만한 사람이 해야 하는 일이기 때문에 대변하는 일은 영웅적 서사시가 되기 쉽다. 사회적 약자를 대변하는 일이 얼마나 힘든데 그걸 해내고 있다는 식이다.

하지만 연대하는 일에는 자격이 필요치 않기 때문에 언제든지 누구에게나 자리가 있다. 함께하고자 하는 마음만 있으면 누구든지 함께할 수 있다. 기득권과 유망한 미래를 버리고 사회적 약자를 위해 투신했다는 식의 영웅적 서사와 그에 어울리는 대표 선수를 지명하는 일이 연대에는 필요치 않다. 연대는 동료 사이에 벌어지는 일이기 때문이다. "잘은 모르겠지만, 네 말을 들어 볼게. 가만 지켜볼게. 내가 할 수 있는 게 있으면 말해 줘."라는 마음만 갖고 있으면 충분한 것이 연대이다. 영웅적 서사시는 거추장스럽고, 함께한다는 그 자체로 기쁜 것이 연대이다.

한편, 대변하는 사람은 자기 얘기가 아니기 때문에 "나는 그렇지 않지만"이란 조건부를 습관적으로 붙인다. "나는 노동자가 아니지만" "나는 가난하지 않지만" "나는 성소수자가 아니지만"이라면서 노동자나 빈민이나 성소수자를 지지·지원하는 말을 하는 것이다.

이에 반해, 연대에는 "나는 그렇지 않지만"이라는 전제가 필요하지 않다. 뿐만 아니라 그런 전제를 없애는 것 자체가 연대라 할 수 있다. "내가 노동자요." "내가 빈민이요." "내가 채무자요." "내가 바로 박해 받는 소수자요."라는 인식과 선언은 "나는 그런 처지가 아니지만" "나는 다행히 빠져나가고 성공할 수 있지만"이라는 가정법을 버리고 모두가 걸려들어 숨막혀하는 그물망을 찢어 보자고 달려드는 자세이다. "나는 ○○가 아니지만"이라는 말로 하는 행동과 "내가 바로 ○○다."로 하는 행동은 다를 수밖에 없다. 대변하고 대신하는 일은 관둘 수 있지만, 내가 나를 드러내 놓고 살려고 하는 일은 관둘 수도 물러설 수도 없다. 그래서 완벽한 대변은 불가능하지만 연대는 얼마든지 가능한 일이다. 대변은 자처하는 것이지만 연대는 자신의 인간성을 실현하고자 하는 모든 인간의 과제에 속한 의무라 할 수 있다.

대변이 평론이라면, 연대는 이야기라고 할 수 있다. 세상의 모든 것을 비판하지만 정작 아무런 위험도 나누려 하지 않는 평론가가 있다. 그 사람의 입이 내 편이 돼 줄 때는 괜히 사례를 표해야 할 것 같고 그 사람에게 잘 보여야 할 것 같다. 그러다 그 사람이 어느 날 갑자기 대변한다고 옹호하던 대상을 손바닥 뒤집듯 바꿔도 허탈하게 웃을 수밖에 없다. 반면에, 작든 크든 같이 위험을 나누려는 사람이 있다. 같이 겪은 고통과 감수한 위험은 논평의 대상이 되지 않는다. 같이 한 경험은 이야기가 되고 동참하는 경험이 늘어갈수록 더 많은 이야기로 살이 붙는다.

연대의 외피를 썼으나 각도와 내용이 확연히 다른 것을 가리켜 유사 또는 가짜 연대, 형식적 연대라고 하며, 울리히 스타인보스 Ulrich Steinvorth라는 학자는 심지어 사이비 연대라고까지 했다. 돈을 비롯해 명예와 사회적 영향력 같은 이해타산이 연대 행위의 유일한 동기가 되는 것을 일컬어 그렇게 말한 것이다. 그런 사이비 연대의 대표적 특질은 배타성으로, 그 테두리가 확실할수록 빛이 나고 그에 따른 상과 벌, 친구 아니면 적인 이분법이 확실하다. 우리 국가, 우리 민족, 우리 조직, 우리 신념의 순수성을 강조하면서 다른 국가, 민족, 인종, 다른 조직과 사상은 오염을 유발하는 불순물이 된다. 또한, 사이비 연대는 개인적인 것을 죄악시한다. 하나로 통일된 이미지가 중요하다. 연고주의, 패거리주의를 연대로 착각하고 패거리주의에 집착하지 않거나 벗어나려는 사람을 이기주의자로 매도하기 쉽다. 타인을 배척하고 괴롭히는 비윤리적인 일도 패거리의 이름으로 같이 저지르면 그 집단 내에서는 칭송받는 선이 될 수 있다. 의리 있다거나 의연하다거나 결단력 있다는 식으로 말이다.

역사적으로 악명 높은 사이비 연대의 사례로 무솔리니와 히틀러를 들 수 있다. 무솔리니는 국가에 의한 연대를, 히틀러는 인종주의에 의한 연대를 주창했는데, 그 연대의 목적은 국가의 힘을 강화하는 것 또는 자기 인종의 영광을 구현하는 새로운 종류의 인간형을 창조하는 것이었다. 그런 사이비 연대는 일련의 소수자를 구별하여 배제하는 데 몰두했다. 배제의 종류는 치밀했고 그것을 수행하는 방식은 잔인했으며, 배제의 이유를 들 때는 아주 공격적이었다. 개인은 국가의 집단적 이익에 종속돼야 했고, 개인적 자유의 가치는 거부됐다. 국가가 만들어 내는 연대는 계급 간 차이를 무시했다. 노동자와 고용주 간의 "쓸데없는 이해관계"가 국가의 이익에 종속돼야 한다고 봤고, 타국에 반대하여 시민들을 한데 결집시키는 공동체 정서가 국가적 연대였다. 국가를 이룬 한 몸체가 성공적이기 위해서는 그 몸체가 건강하게 육성돼야 하는 반면 병들고 열등한 부분은 제거돼야만 했다. 이 공동체에서 각 개인은 국가의 선을 위해 위대한 희생을 할 준비가 돼 있어야 한다고 봤다. 이런 사이비 연대의 결과가 얼마나 끔찍했던가를 길게 부연할 필요는 없을 것이다. "자신의 건강을 위해 싸울 기력이 더 이상 없다면 이 투쟁의 세계에서 생존할 권리는 끝난다."(히틀러,《나의 투쟁》)는 끔찍한 생각은 사이비 연대를 통해 "1940년 여름 정책적으로 노인, 정신질환자, 불치병자, '쓸데없이 밥만 축내는 이들'은 특별기관으로 옮겨졌고 거기서 죽었다."(《전쟁범죄에 관한 유엔 보고서》)로 실현됐다.

386 얘기에서 사이비 연대와 파시즘 얘기까지 온 것이 너무 튀는가 싶지만, 삶이 팍팍할수록 어느 사회에서나 배타성은 쉽게 독버섯처럼 자란다는 경각심이 절실하기 때문이다. 깨어 있었다고 자부하는 386세대와 형편없다고 면박 받는 청년 세대 간의 반목, 학벌 대물림의 심화, 과도한 쏠림과 양극화, 옳은 일을 포함한 모든 분야에서의 성공 지상주의, 성취와 결과에 매몰되는 분위기, 그런 분위기 속에서 "민족과 국가의 영광" "그 영광을 위협하는 자들에 대한 가차 없는 제거" 등 무솔리니와 히틀러의 애용어나 유사어를 발견하게 되는 일이 흔해졌다. 패거리주의나 사이비 연대를 진짜 연대로 착각하고 학습한 사람들은 배타적인 세를 만들고 세를 과시하는 감정의 부흥회로 쉽게 몰려갈 수 있다.

적절한 대변에 실패하거나 한때 밀착했던 대변자와 분리되고 나면 남는 것은 대변을 자처하던 세력이다. 연대는 현재진행형이지만, 대변했던 일은 과거의 후일담이 된다. 후일담은 "우리는 안 그랬다."는 설교가 되고, 후일담을 공유할 수 있는 비슷한 사람들끼리 감정의 부흥회가 뜨거울수록 그것을 보며 자신을 타자화하는 사람들의 냉각화가 동반된다. 후일담을 적극 경력화하는 세력은 기억을 사유화한다. 여야를 안 가리고 선거 홍보물에 청년기의 민주 투사 이미지를 쓰지 않는 정치인을 찾아보기 힘들 지경이다. 우리 동네의 국회의원 선거는 같은 학교 총학생회장 출신들끼리의 경합으로 치러진 게 벌써 세 번이다.

한때 강력했던 연대는 관련 이익이 겹친다는 이유로 축소된다. 사유화가 만연하고 공적인 것이 희미해진 사회에서 사사로운 것이 결집하고 그 영향력이 강화되면 공적인 것의 왜곡을 가져온다. 내 지역, 내 학교 출신 최고 만들기 프로젝트를 가동하는 향우회, 동문회 등 사사로운 결집이 힘을 쏠수록 공적인 것은 국가적인 것으로 단순화된다. 차이는 입으로 존중될 뿐 단결과 통합을 해치는 적으로 간주된다. 연대의 토대가 약한 사회에서는 진정성으로 뭉쳤다고 자부하는 '특정한 우리'를 위해 타인 또는 전체로서의 사회가 쉽게 동원의 대상이 된다. 상징적인 말로도 동원되고 구체적인 조직으로도 동원된다. 나의 영광과 내 집단의 영향력을 위해서 말이다.

한 세대의 기억이란 사유화될 수 없는 것이다. 고통에 대한 공통 감각으로 공유해야 하는 것이다. 우리만이 무언가 숭고한 것에 헌신하고 있다는 '분위기' 연대와 '자족'의 연대가 연대에 대한 불량학습을 유도해 온 것은 아닌지, '나도 할 수 있는 일, 해 보고 싶은 일'로서의 연대가 아니라 '아무나 못하는 일, 다가갈 수 없는 일'로 여겨지는 효과를 낳은 것은 아닌지, 386이라는 씁쓸한 옛 용어를 떠올리며 되짚어 본다.

당신들의 고통을 몰라서 미안하다

또 다른 가족의 가능성

하얀 머릿수건이 상징인 아르헨티나의 엄마들과 보랏빛 수건이 상징인 한국의 민가협 엄마들이 얼싸 안았다. 자식이 옥에 갇힌 일 때문에 하늘이 무너졌던 한국의 엄마들은 자식이 쥐도 새도 모르게 실종 당한 아르헨티나의 엄마들을 만나서 "그래도 나는 내 자식이 어디 있는지 알고 면회도 가고 재판도 할 수 있으니 감사할 뿐"이라며 "여태 당신들의 고통을 몰라서 미안하다."고 말한다. 그렇게 얼싸안은 엄마들은 "평화를 위해 싸우는 사람들은 모두 내 자식이며 우리 공동의 아들, 딸입니다. 따라서 우리의 포옹은 이제부터 너와 나, 우리의 아이들을 함께 지켜 나가자는 약속이며 아울러 과거 독재 범죄자들은 반드시 처벌 받아야 한다는 선언이기도 합니다."라고 공동선언했다.

ⓒ 구본주 | 가족-편안한 귀가, 1999

개인적으로나 사회적으로나 가족, 또 가족을 떠들어 대지만, 솔직히 내 가족과 가족주의에 대해서도 한마디로 말하기가 어렵다. 애틋하면서도 징글징글한 이중 감정으로 얽혀 있기 때문이다. "가족은 남이 안 보면 몰래 내다 버리고 싶은 존재"라고 했던 한 영화감독의 말에 탄복한 적이 있다. 그 말처럼 나도 피붙이들을 마음속에서 내다 버렸다가 다시 들이기를 얼마나 자주 반복해 왔는지 모른다. "부모로서 내게 해 준 게 뭐가 있냐?" 따지는 자식이 됐다가 "너 같은 걸 자식이라고⋯⋯ 자식이 다 너 같으면 누가 자식 낳아 키우겠느냐?" 원망 듣는 자식이 되기도 했다. 서로에게 상처 주고 패대기치는 데 가족만큼 잔인할 수가 있을까? 가족이라면 애정을 당연하게 전제하지만 다른 종류의 모든 애정이 그렇듯이 결코 당연한 애정이란 없는 것 같다.

가족 내에서도 비교와 경쟁은 멈추지 않는다. 심지어 내 가족 안에서도 나와 다른 가족에 대한 애정에 차별적인 태도를 보인다. 내 아버지는 손녀들에게 정말 끔찍하게 살뜰한 할아버지다. 입 안의 혀처럼 군다고나 할까. 어느 날 내가 "아빠! 그렇게 하면 애들 버릇 나빠져!"라고 바로잡으려 하자 아빠는 내게 "너도 그렇게 키웠다."라고 했다. 결혼한 동생들의 김치까지 챙기는 엄마를 볼 때마다 "뭐 하러 힘들게 해 줘. 덕도 못 보면서."라는 소리를 해 대면서, 엄마가 내게 들고 오는 물김치의 무게는 '자식한테 해 주는 거니 당연하다.'고 여긴다. 집안에서도 이렇듯이, 나한테는 관대하면서 남에게는 타박하는 것이 바로 가족주의다. 가족주의에 대한 냉정한 비판이 곱게 안 들릴 때가 많다. '자기들도 자기 가족한테서 못 벗어나면서'라거나 '자기 가족한테는 안 그럴 거면서'라고 입을 삐죽거리게 된다. 하지만 솔직히 그런 비판이 내 가족에게도 해당한다는 것을 부인하지 못할 경우도 꽤 있다.

"졸리면 생각하라. 너를 비웃는 자와 엄마의 얼굴을! 나태하면 떠올려라. 너의 경쟁자와 아빠의 얼굴을!" 대입을 앞둔 수험생 조카의 책상에 버젓이 붙어 있던 메모였다. 가족애와 남을 이겨야 산다는 냉혹한 처세술이 결합한 그 문구에 경악하면서 가족이 지켜야 할 올바름은 무엇일까 고민하지 않을 수 없었다.

친구들과 즐거운 모임이 고조될 무렵 자리를 털고 일어서는 사람이 꼭 있다. 왜 그러냐고 하면 "집에 일이 있어서 어쩔 수 없다."거나 "가족 모임에 가 봐야 한다."고 이야기하는 경우가 많다. 그럴 때 "정말 좋겠다. 빨리 가 봐."라는 반응을 본 기억은 별로 없다. 대개 "한창 얘기가 재밌어지는데 꼭 가야 해?" "가족 일이니 어쩔 수 없지 뭐."라며 "가족이 웬수야." 같은 반응들이 나온다. 친구는 선택한 것이지만 가족은 내 의지와 상관없이 존재하는 것이고 내 뜻과는 어긋나게 뭔가 해야만 하는 중압감을 공유한다.

억지로 강요받아서가 아니라 제가 좋아서 가족을 최우선으로 챙기는 사람도 물론 있다. 그럴 때는 십중팔구 "너만 가족 있냐? 나도 있다구!"라고 켕겨 하는 반응을 보인다. 가족에 대한 애정 표현은 '내가 하면 로맨스이고 남이 하면 불륜'인 셈이다. 가까운 지인이 가족을 챙기는 것에 대해서는 대놓고 지적질을 할 수가 없지만, 생판 남들이 가족을 챙기는 모습에 대해서는 더 인색한 반응을 보이게 된다. "남 생각은 안 하고 제 가족만 그렇게 끔찍하게 챙기니까 사회가 이 모양이지."라고 혀를 차는 것이다.

이처럼 '챙긴다'는 말에는 부정적인 느낌이 다분하다. '제 식구 챙기기'라는 말은 가족에만 국한되지 않고 제 울타리 안 사람들의 이익만을 도모하는 것까지도 뜻한다. 그러면서 그 울타리 밖 사람들이 겪는 박탈과 배제에 대해 죄책감도 정의도 묻지 않는다. 하지만 시야를 조금 더 넓혀 보자. '챙긴다'는 비판이 억지스럽고 그 말이 적절하지 않은 가족의 삶이 사실 더 많지 않은가. 미우나 고우나 지켜야 할 사람들, 아무리 힘들어두 버틸 이유가 돼주는 가족의 삶 앞에서 코끝이 찡할 때가 있지 않은가.

인권 연수 중인 동료를 만나러 홍콩에 갔을 때였다. 버스를 타니 온통 유치원에 가는 아이와 그 손을 잡은 엄마들이었다. 그런데 잠시 살펴보니 그녀들을 엄마라고 부르기에는 뭔가 조금 이상했다. 피부색과 생김새도 다르고 아이와의 관계도 좀 색다르게 보였다. '아하, 외국에서 온 보모들이구나! 자기 자식은 먼 곳에 두고, 이국땅에서 남의 자식을 키우는 그 심정이 어떨까? 가족을 지키기 위해 가족과 떨어져서 사는 것을 감수해야 한다니……'

문득 막내 동생이 떠올랐다. 엄마는 일 나가면서 갓난쟁이 막내를 나에게 맡겼다. 초등학생 더구나 저학년이던 내게 갓난쟁이는 감당 못할 무게였다. 얼마나 울어 젖히는지, 집 앞 구멍가게에 가서 군것질 거리를 손에 쥐어 줘야만 울음을 잠시 그쳤다. 물론 나에게는 돈이 없었다. 동생의 울음에 지쳐 엄마 몰래 구멍가게 아줌마에게 외상을 한 것이었다. 결국 외상값이 탄로 났고 엄마에게 엄청 야단맞았다. 그러나 그 일로 엄마는 내게 막내가 더 이상 감당이 안 되는 것을 아셨는지, 동생을 외할머니 댁에 맡겼다. 갓난쟁이 동생은 초등학교에 들어갈 때가 돼서야 집으로 돌아왔다. 어린 시절을 떨어져 지낸 그 애가 한동안 식구로는 잘 느껴지지 않았다. 말도 글도 또래에 비해 엄청 늦는 것을 볼 때마다 가슴이 쓰린 것이 식구라는 증거라면 증거였다. 떨어져서 보살피지 못한 것이 오랫동안 가슴에 남았다.

버스 안의 그녀들을 또 다른 곳에서 맞닥뜨리게 됐다. 그녀들은 일요일이라 영업을 안 하는 홍콩 은행 주변을 꽉 채우고 있었다. 가사노동을 하는 이주 노동자들의 집결지라 했다. 서로 다리를 베고 누워서 손톱과 발톱을 깎아 주고, 비닐봉지에 싸온 빵이며 과자 등을 먹으며 하루 종일 얘기꽃을 피운다. 하루 쉬는 날 그렇게 모여 고통과 향수를 나누는 모양이었다. 그렇게 생활하다 고향에 갈 때마다 쑥쑥 커 있을 아이들과 그녀들은 어떻게 그 서먹함과 미안함을 극복할까? 그래도 가족이니까 막내와 나처럼 봉합될까?

그나마 다행인 것은, 홍콩에는 가사 이주 노동자에게 일 년에 한 번은 가족에게 다녀올 항공권을 제공해야 하는 고용 규칙이 있다. 오랜 투쟁 끝에 만들어진 것이라 했다. 국내에서 인터뷰했던 한 이주 노동자가 생각났다. 인터뷰 당시 14년 동안이나 고향에 가지 못했다고 했다. "신분 불안 때문에 한 번도 못 갔어요. 전화할 때마다 엄마가 '어서 와라. 보고 싶다. 빨리 와라.' 하시는데 가지 못했어요. 갔다가 다시 못 올까 봐 불안하니까요." 그렇게 보고 싶던 엄마는 재작년에 돌아가셨다고 한다. 이번에는 아버지가 간암 선고를 받았다. 고향에서 팩스로 보내온 이런저런 검사 사진을 한국의 큰 병원에 보이기도 했나 보다. 그러나 그런 것으로 여기서 할 수 있는 일은 없다. 게다가 이주 노동자 운동을 한다고 요주의 인물로 찍혀서 언제 단속돼 추방될지 모른다. "보고 싶은 사람도 못 보고 부모님은 돌아가시고······. 저만 그런 게 아니라 이주 노동자 대부분이 그런 문제를 갖고 있어요. 가족을 보고 와서 일할 수 있도록 해 주면 정말 좋을 텐데." 쓸쓸하게 말하던 그는 결국 십수 년 만에야 아버지의 죽음을 예비하러 돌아갔다. 상봉이 아니라 이별을 준비하러 고향으로 돌아갔을 그의 마음, 그를 떠나보내면서 울고 또 울었을 그 어머니의 마음은, 내가 공항에서 겪었던 엄마와의 이별과 겹쳐졌다.

처음으로 장기 해외연수를 갈 때 김포공항을 이용했다. 당시 국제선 청사는 1, 2로 나뉘어 있었는데 잘못 찾아갔다. 시간이 임박하여 급하게 비행기를 타야 했다. 그 와중에 엄마를 다른 청사에 남겨 놓고 혼자 이동했고 작별 인사도 못하고 말았다. 중간에 비행기를 갈아타는 도시에서 국제 전화를 했다. 아빠가 받았는데 엄마가 계속 울고 있다고 했다. "키우면서 해 준 게 너무 없다고 계속 운다."고 했다. 그 말에 나도 눈물이 터지더니 비행기를 갈아타고 목적지에 도착할 때까지 눈물이 그치지 않았다. 처음으로 이국땅에 자식을 보내는 부모를 떠나오면서 겪은 절절함이었을까. 신파 영화 찍은 것 같아 쑥스러운 경험이었지만 그때를 생각하면 지금도 가슴이 메어 온다.

앞서 말한 이주 노동자 또한 그의 엄마와 그런 이별을 했을 텐데, 돌아가도 이제 그 엄마가 없을 귀국 비행이 얼마나 쓸쓸했을지……. 내가 겪었던 공항에서의 이별을 홍콩과 한국에서 마주친 이주 노동자의 모습과 겹쳐 보았을 때 문득 이 문장이 떠올랐다. "특권을 누리는 우리와 고통을 받는 그들이 똑같은 지도상에 존재하고 있으며, 우리의 특권이(우리가 상상하고 싶어 하지 않는 식으로, 가령 우리의 부가 타인의 궁핍을 수반하는 식으로) 그들의 고통과 연결되어 있을지도 모른다는 사실을 숙고해 보는 것……. 바로 이

것이 우리의 과제이다."라고 한 수잔 손택의 글. 처음 이 글을 접했을 때는 '나는 별로 누리는 것도 없는데.'라고만 여겼는데, 이제 와서 생각해 보니 홍콩의 그녀들은 분명 나와는 달랐다. 홍콩의 그녀들은 다른 이들의 가정을 돌본다. 그녀들의 노동이 있기에 홍콩의 중산층 가정은 가정을 유지하고 자녀와 노약자를 돌본다. 맞벌이를 하는 경우에는 그녀들의 노동이 더 필수적이다. 그러기에 홍콩의 중산층이라 불리는 '다른 이들'에 대해서는 이주 가사 노동자에 대한 숙고를 요구하고는 했다. 그렇다면 가족과의 생이별 속에서 이주 노동자가 만든 상품과 서비스가 그 '다른 이들'만이 아니라 나와는 관계없다고 자신할 수 있을까? 내가 즐겨 먹는 원양 어선에서 잡아왔다는 생선에는 선상 이주 노동자의 눈물이 배어 있는 것 아닌가? 내 가족의 고난은 애틋하지만 남의 가족의 고난은 어쩔 수 없는 세상사라고 치부해 온 것은 아닐까? 나의 가족주의가 남의 가족을 희생한 대가 위에 서 있다는 불편한 진실을 인정해야 하지 않을까? 그래서 나의 경험을 비슷한 것이라며 겹쳐 보면서도 빚진 기분이 드는 것이었다.

나는 24시간 라디오를 껴안고 산다. 음악 위주로 듣지만 아무래도 청취자 사연이라는 것을 피해 갈 수는 없다. 그러다 결국 눈꼴신 사연을 듣고 흥분할 때가 많다. 입시철에는 "우리 아이가 명문대에 단번에 합격했어요. 축하해 주세요."라는 사연이 많다. 그러면 나는 '시험 끝나고 또 어떤 수험생이 옥상에 서 있지는 않을지 신경 안 쓰이나, 남의 집 자식 일은 안중에도 없지.'라며 혼자 성을 낸다. "우리 아이, 졸업과 동시에 취직했어요. 많이많이 축하하고 희망곡 들려주세요."라는 사연이 들리면, '당신들은 이미 충분히 기쁠 텐데 너무들 하시네.'라고 쏘아 주고 싶다. '응답 없는 원서 넣기에 지친 청춘들, 취직 시험 감옥의 사각 책상에 갇혀 사는 인생들이 라디오를 벗 삼아 살고 있는 것도 모르느냐고, 염장 지르지 말고 남 생각 좀 하고 살 순 없는 거냐.'고 구시렁거린다.

어느 날 '그렇게 남 생각하는 척하는 너의 기준은 뭔데?'라고 뒤통수를 맞는 일이 생겼다. 라디오 진행자가 웃긴 아르바이트 사연을 소개했다. 한 청년이 결혼식 하객 노릇을 하는 아르바이트를 했는데 식장에서 진짜 하객으로 온 친구와 맞닥뜨렸다고 한다. 하객 아르바이트라는 것을 까발릴 수도 없고 신랑신부에 대해 아는 척을 할 수도 없는 당황스러운 상황이 펼쳐졌다는 내용이었다. 식당 아르바이트를 하다 그 사연을 들은 나는 진행자를 따라서 크게 웃었다. 옆에 있던 주방 언니에게 같이 웃자며 그 사연을 들려줬다. 그런데 그 언니는 웃지 않았다. 오히려 아주 심각해졌다. "내 친구가 어릴 때 부모님이 돌아가셔서 혼자 고생하다 결혼했어. 그런데 결혼식에 올 사람이 아무도 없어서 하객을 통째로 돈 주고 빌렸대. 걔가 결혼식에서 얼마나 울었는지 몰라."

 순간 멈칫했다. 그러고 보니, 그런 말을 하는 언니 또한 부모님을 일찍 잃었다던 얘기가 기억났다. 친정 언니들을 의지한다는 그녀 앞에서 난 부모님 모시고 여행 다녀온 얘기를 얼마나 주절거렸던가. 주방을 거쳐 갔던 수많은 언니들 가운데 소위 평범한 결혼식을 올렸거나 순탄한 가정생활을 꾸리고 있다고 할 사람이 몇이나 될지 모르겠다. 그런 언니들의 가정사는 늘 당사자가 없는 데서 은밀한 뒷담화로 이뤄졌다. 또, 한국 남자와 결혼한 어떤 언니에게 중요한 시험은 자식의 대입이 아니라 귀화 시험이었고, '종일 주방에 살면서 그딴 폰이 왜 필요할까?'라고 내심 비웃었던 또 다른 언니가 장만한 최신 폰은 중국 땅에 두고 온 자식들과 화상 통화를 하겠다는 설렘 가득한 폰이었다.

 나는 남들이 신나서 라디오에 보낸 사연에 그들이 그것을 당연하다고 여기는 것 때문에 열 받았다. 때가 되면 대학을 가고 때가 되면 취직을 하고 연휴니까 당연히 가족 여행을 즐긴다는 그 생각이 자기들 세상에서 평범한 얘기지, 대부분 사람들에게 평범하지 않다는 나의 기준 때문이었다. 반면에 내가 웃자고 한 얘기에 또 다른 사람은 서글퍼했다. 내가 정상이라고 생각하는 삶의 기준이 달랐기 때문이다. 정상적이라는 삶의 기준 가운데서도 흔히 잘못 휘둘러 상처를 유발하기 쉬운 것이 정상 가족의 기준이다.

그런데 한편으로는 '내가 주방 언니들 사이에서 뜨끔했던 것처럼 괜한 말실수 할까 봐 쉬쉬하거나 아닌 척, 모르는 척, 괜찮은 척하고 사는 것이 최선일까?'라는 의문도 든다. 가족 상황에 대하여 '척'이 아니라 '척하지 않아도' 되는 상황이 더 나을 수도 있지 않을까? '정상' 가족이라는 틀에 끼워 볼 때 맞지 않는 관계는 배척되기에 '척'을 하는 것은 아닐까?

정상 가족은 개인적인 태도에서만 호불호로 표시되는 것이 아니다. 정상 가족을 해치기에 배제해야 할 가족과 지원받아 마땅한 가족을 나누는 정책과 제도로도 나타난다. 가족답지 않다고 찍힌 관계에 대해서는 그 관계가 아무리 돈독하고 친밀하다 하더라도 비정상 혹은 결손 가정으로 본다. 또는 동성애 관계, 비혼 여성 공동체 등은 아예 가족으로 인정조차 하지 않으려 한다. 엄마와 아빠와 아이가 하트 속에서 꼭 안고 있는 그림을 정상 가족의 정석으로 받아들여 온 사람이라면 누구나 내 가족을 정상 가족과 비교하는 일을 밥 먹듯이 하면서 우울해하고 심란해한 경험이 있을 것이다. 또는 '어떻게 그런 관계가 있을 수 있어?'라며 소위 비정상적인 가족을 구경거리처럼 여기고 박대하고 홀대하는 일에 암묵적 협조자가 되기도 한다. 이처럼 친밀한 관계에 대한 애착에 따른 물음표는 제각각이다. 저 집은 저렇게 단란한데 우리 집은 왜 이럴까? 나는 괜찮은데 왜 우리 집을 불우한 가정으로 지목하는 것일까? 무슨 자신감으로 저들은 우리의 친밀한 관계에 돌을 던지는 걸까?

전국민족민주유가족협의회(아래 유가협)라는 역사가 오랜 인권 단체가 있다. 군대에서 의문사하거나 민주화운동을 하다가 석연치 않은 죽음을 맞거나 독재 정권에 맞서 스스로 목숨을 바친 분들의 남아 있는 가족, 즉 유가족으로 이루어진 단체가 바로 유가협이다. 어느 날 그 사무실에 취재를 갔다. 두 분의 아버님, 사실은 할아버지라 불릴 만한 두 분이 적막 속에 앉아 계셨다. 거기 계신 분들은 대부분 죽은 이들의 어머니, 아버지인 경우가 많기에 나이에 관계없이 보통 아버지, 어머니로 불리고는 한다. 벽에는 온통 영정 사진이다. 별로 깔끔해 보이지 않는 플라스틱 컵에 주스를 따라 오신다. 자식이 의문사한 뒤 멎어 버린 삶. 유가족들은 모두 사후 자신들의 시신을 기증하겠다는 서약을 했다고 한다. 자신들이 겪어 보니 정말 답답해 미칠 지경이더라고, 비슷한 처지를 겪을 수 있는 억울한 죽음의 사인을 밝힐 수 있도록 법의학 발전을 위해 써 달라고 말이다.

아버지의 얘기에는 한숨이 추임새다. 아들이 군대에서 의문사했는데, 자살이란 통지를 받았다고 했다. 농사짓던 아버지는 그날로 논밭을 떠나 헌책방을 돌며 검시 제도에 대한 책들을 찾아 독학을 했다. "내가 잘못 살아서 자식을 죽게 만들었다."는 자책을 하며 "생명과 재산을 보호하는 게 국가라면 죽은 다음에라도 그 책임을 져 주어야 한다."라며 싸움을 시작했다. "처음에는 보복, 내 자식 죽인 놈은 반드시 잡아 죽이겠다는 생각이었는데, 싸움을 하다 보니 너무 많은 사람이 억울하게 죽은 걸 알게 됐어요. 나는 사실 뭐 인권운동을 한다 생각은 안 했고 진상 규명만 하겠다 이랬는데, 진상 규명이란 게 사람의 생명을 다루는 것이니 틀림없이 인권인 거고, 또 무엇 때문에 죽었는지는 반드시 알 수 있도록 하자······ 우리와 같이 억울한 사람들이 또 발생하지 않았으면 하는 바람에서 하고 있어요."

그렇게 '아버지와 어머니의 이름으로' 벌어지는 활동에는 국경이 없다. 아르헨티나에는 '오월 광장 어머니회'라는 단체가 있다. 이제 '할머니회'로 불릴 때도 지날 만큼 긴 세월을 지나온 단체이다. 1970년대 말 엄혹한 군사 독재 정권 시절 자식들이 쥐도 새도 모르게 사라진 실종자 가족들의 모임이다. 그 실종자 수가 3만 명에 이른다. 엄마들은 매주 목요일 정부 청사 앞 광장에 모여 내 자식을 돌려달라고 빙빙 돌았다. 군사 정권은 엄마들을 흩어 놓기 위해 사나운 개를 풀기도 하고 최루액을 뿌리기도 했지만 엄마들은 흩어지지 않았다. 그 어머니회의 창립자인 어머니 역시 실종됐다. 그 어머니들을 군사 정권은 "오월 광장의 미친년들"이라 불렀다. 그와 반대로 세상은 그 엄마들을 "오월 광장의 어머니들"이라 부르며 연대하기 시작했고 "살아서 나타나라"는 구호가 만들어졌다. 어머니들에게 바쳐진 시 가운데 이런 것이 있다.

> 마음 짓찢는 고통일랑 아랑곳하지 않고
> 지칠 줄 모르는 기색으로
> 어머니들은
> 해산의 진통보다 더한 고통으로 자식들을 찾아 나선다
> 살인자들의 발톱에 채여 간
> 자식들을 찾아 나선다
> 사라져 간 모든 사람들 모두
> 자기 자식처럼 느껴지는 어머니들
> 의연하고 정의로운
> 어머니들의 깃발

그 어머니들이 1994년 한국에 온 적이 있다. 한국 인권 단체들의 초청으로 '불처벌' 문제에 대한 국제 심포지엄을 하기 위해서였다. '불처벌'이란 국가 권력이 저지른 인권 침해가 진상 규명과 처벌 없이 묻히는 것을 일컫는 말이다. 하얀 머릿수건이 상징인 아르헨티나의 엄마들과 보랏빛 수건이 상징인 한국의 민주화실천가족운동협의회(아래 민가협) 엄마들이 얼싸 안았다. 1985년도

에 꾸려진 민가협의 어머니들 역시 일일 노동이나 파출부를 하면서 생계비를 벌고, 데모를 하다가 강제로 닭장차에 실려 시외에 버려지면 그 먼 길을 걸어서 다시 모이고, 자식 속옷이나마 넣어 주기 위해 지방 교도소를 내 집처럼 드나들던 분들이었다. 자식이 옥에 갇힌 일 때문에 하늘이 무너졌던 한국의 엄마들은 자식이 쥐도 새도 모르게 실종 당한 아르헨티나의 엄마들을 만나서 "그래도 나는 내 자식이 어디 있는지 알고 면회도 가고 재판도 할 수 있으니 감사할 뿐"이라며 "여태 당신들의 고통을 몰라서 미안하다."고 말한다. 그렇게 얼싸안은 엄마들은 "평화를 위해 싸우는 사람들은 모두 내 자식이며 우리 공동의 아들, 딸입니다. 따라서 우리의 포옹은 이제부터 너와 나, 우리의 아이들을 함께 지켜 나가자는 약속이며 아울러 과거 독재 범죄자들은 반드시 처벌받아야 한다는 선언이기도 합니다."라고 공동선언했다.

사회와 역사 속에서 살아가는 사람이라면 다른 가족이 겪은 고통과 희생에 빚을 안 졌다고 말할 수 없다. 한 집안에서가 아니라 사회적으로 '어머니, 아버지'라는 가족의 이름으로 불리는 이런 분들의 삶에 말이다.

아버지의 바람과 어머니의 선언처럼 가족애와 사회 정의가 만나면 얼마나 좋을까. 하지만 그런 일은 참 드물다. '믿을 건 내 가족뿐'이라는 개인적 믿음과 '사회가 내 가족을 정의롭게 대해 줄 것'이라는 공적인 믿음은 서로 어긋날 때가 더 많다. 정의롭기는

커녕 냉정한 사회가 내 가족을 박대하고 괴롭힐 줄 알기에 내 가족 일에만 곤두서고 내 가족만 의지하게 된다. 그럴 때 입에 붙는 말이 '가족주의'다. 가족이 세상만사를 판단하고 처신하는 잣대로 군림한다는 뜻이다.

가족주의의 얼굴은 물론 단순하지도 통일돼 있지도 않다. 살아남기 위해서라는 알리바이를 가진 가족주의도 있고, 재산처럼 욕망하고 과시하는 가족주의도 있다. 바깥세상의 경쟁에서 받은 상처를 위로하는 가족도 있지만, 식구에게 더 심한 경쟁과 냉정한 평가를 안기는 가족도 있다. '엄마에게만, 혹은 며느리에게만, 딸에게만'을 부르짖는 가족은 사회적 평등주의의 발목을 잡고는 힌다. '아빠에게만, 아들에게만'도 마찬가지다. 아무리 바빠도 집안 남성의 밥때를 챙기기 위해 귀가해야 하는 여성, 밖에서 비굴할 지경으로 혹사당하는데 그것도 몰라준다며 가족을 타박하며 소통을 모른 채 외롭게 군림하는 남성이라는 전형성이 그렇다. 헌신, 희생, 자발적 감정으로 칭송되는 가족애는 공적으로 책임질 일을 가족에게 전가하는 빌미를 제공하고는 한다. 그것도 가족 가운데 제일 약한 구성원을 골라서 감당하거나 감수하도록 만든다. 사회적으로 복지가 중요하다는 목소리가 커지고 있지만, 여전히 일차적으로 복지를 책임져야 할 것은 가족이고 그중에서도 노약자에 대한 돌봄은 여성이 담당해야 한다고 보는 의식이 아직도 팽배하다.

치과에 갈 때마다 소위 견적을 뽑으러 온 노인들을 보게 된다. 의사는 꽤 돈이 든다고 얘기하고서는 "자식한테 가서 얘기하라."고 한다. 그 말에 이 없는 입을 오므리고 돌아서는 노인네의 뒷모습이 그리 쓸쓸해 보일 수가 없다. 한눈에 보기에도 자식에게 돈 얘기를 하고 치과에 같이 올 형편이 아닐 것 같았다. 그래서인지 길거리에서 턱이 오므라든 노인들을 볼 때마다 애틋하다. 하지만 부양 책임을 가족에게만 지우는 가족주의로는 그러한 노인들에게 치아를 해 줄 방도를 찾기가 쉽지 않다. 그런 가족주의 때문에 감수해야 할 가족들의 고통 역시 치통 이상으로 지독하다.

　대부분의 고만고만한 삶에서 살아남기 위해서라는 알리바이가 아무리 충분하더라도 결국 가족주의가 염려 되는 것은, 이렇게 모든 책임이 가족에게만 전가됐을 때 돌아올 부메랑 때문이다. 스웨덴 같은 나라에서는 전 시민을 위한 복지를 '국민의 집'이라 부른다는데, 한국에서의 '집'은 서류상에만 존재하는 가족이나 경제력이 없는 가족에게도 부양 의무를 떠맡기기에 편리한 장치이다. 결국 장애를 가진 아들을 기초생활수급자로 만들기 위해 가난한 아버지가 목숨을 끊는 일이 연이어 벌어지고 있는 것도 따지고 보면 이런 이유에서이다. 그렇기 때문에 빈민·장애인 단체 등은 수년간 국민기초생활제도의 부양 의무자 기준 폐지를 이루어 내려고 애썼던 것이다.

 간단하게 말해, 가족은 함께 밥을 먹으며 살아가는 집단이다. 같이 음식을 나누는 것은 서로 섞이는 것이고, 공동체적인 것이다. 많은 경우 사랑을 시작할 때 연인을 부르고, 우정을 가꿀 때 친구를 부르고 하는 일이 식사 초대인 것을 보면 정말 그러하다. 누군가는 "공동체가 가진 연대성을 설명하기 위해서는 먼저 이들을 공동체로 유지하게 하는 정의가 어떻게 이뤄지는지를 설명해야 한다."고 했다. 여기서 정의는 옳고 바른 도리를 뜻한다. 연대는 그런 정의 없이는 불가능하다. 가족을 연대의 공동체로 유지하는 것은 본래 그러한 것도 자연적으로 당연한 것도 아니다. 가족 구성원끼리 내는 생채기, 끔찍한 폭력과 학대는 실제 벌어지는 사건이요 사실이다. 가족 안팎을 넘나드는 정의 없이 가족의 가족다움을 기대할 수는 없다. 내 안의 약자를 주눅 들게 하지 않고 알뜰하게 보살피려는 노력, 믿고 아낀다는 것을 애써 말로 하지 않아도 표정과 몸짓으로도 충분히 읽을 수 있는 친밀함의 공동체는 구성원의 존엄성을 안팎으로 지지하고 지원하는 정의로운 관계 속에서 가능하다.

 가족에 대한 애틋함이 위협 받는 것은 그런 안팎의 정의가 결여돼서일 것이다. 다른 가족이 박탈과 배제를 겪을 때 방조를 하든 일조를 하든 어떤 식으로든 참여했다면, 나와 내 가족도 죄책감이 들어야 마땅하다. 그렇지 않다면 정의가 없는 가족일 것이다. 결국 정의가 부족하기에 '믿을 건 내 가족뿐'이라는 개인적 믿음에 매달린다. 척박한 삶은 그런 믿음마저 걷어차 버리는 경우가 많다. 이런 악순환 때문에 '믿을 건 내 가족뿐'이라는 개인적 믿음과 '사회가 내 가족을 정의롭게 대할 것'이라는 공적인 믿음 사이의 연결이 필요하다.

'제2의 가족'이라는 구호는 정부나 대기업들이 가족에게 책임을 전가하기 위해 써먹는 것이 아니라 가족에 애틋해 하는 사람들이 공동의 방벽을 만들기 위해 외쳐야 할 구호이다. 고된 양육 환경 속에서 "한 아이를 키우는 데는 한 마을이 필요하다."는 말을 절감한다는 지인들을 자주 본다. '제2의 가족'은 네 가족의 일 마냥 나에게 참고 헌신하라는 가당찮은 요구가 아니라 한 인간이 자라고 있는 마을의 모토가 돼야 어울릴 것이다.

인권 할아버지의 유쾌한 싸움

연대는 어떻게 이루어지는가

삶에는 늘 연기되는 것들이 많다. 개인적으로 노는 것, 즐기는 것도 연기되고, 실용적이지 않은 사귐과 나눔도 연기되고, 좀 더 고차원적인 자기실현과 기여도 연기된다. 지금 내 삶과 조건은 이쪽에 있고, 나누고 연대하는 삶은 저쪽에 있다. 어느 날 한 번에 몰아칠 수 있는 날이 있으리라 여기며 지금을 견디고 용서할 때가 많다. 지금 내 곁에 한 뼘을 내줄 수 없다면 아무리 여유가 많아져도 열 뼘을 내줄 수 있는 순간은 오지 않을 것이다. 각 사람의 몰두와 헌신이 모두의 삶을 풍요롭게 할 수 있기에 "연대는 오지 않은 미래가 아니라 이미 존재하는 사실"인 것이다.

© Dan Jones | 호주 기계 노동조합 톨푸들 순교자 150주년을 기념하는 작품으로, 많은 나라의 자유와 정의를 위한 투쟁들을 묘사하고 있다.

인권 할아버지? 어색하지만 이렇게 불러 보고 싶다. 인권 변호사라는 단어가 그럴듯하게 들린다면 인권 할아버지도 괜찮지 않을까 싶어서이다. 숱한 사람을 겪으며 갖은 기억의 둥지를 만드는 것이 삶이다. 둥지에 넣지도 않은 채 지워 버린 사람, 어쩌다 떠올리는 것만으로도 쓰라려서 둥지에서 꺼내 버리고 싶은 사람이 있는 반면에, 언제 떠올려도 흐뭇한 사람, 그 사람을 알았다는 것만으로도 부자가 된 기분을 주는 사람이 있다. 그 가운데서도 특히 인권 할아버지라 부르고 싶은 두 분이 있다.

인권운동가이자 화가인 단(Dan Jones) 할아버지, 평화운동에 전부를 바쳤다고 할 피터 할아버지다. 특별히 두 분을 얘기하고자 하는 것은 내가 동경하는 삶에 대한 갈증 때문이다. 저마다 동경하는 삶은 다르겠지만, 로또 맞아 떵떵거리는 삶보다는 님에게 보탬이 되는 삶을 살고 싶다는 바람도 은근히 많이 보게 된다. 문제는 그것이 늘 유예되고 연기된 바람이라는 점이다. 다단계 판매에 몸담고 날 찾아왔던 동기도 그걸로 한몫 챙긴 뒤에 좋은 일을 할 거라 그랬고, 지금은 고액 과외 강사를 하고 있지만 곧 정의의 길로 돌아올 거라고 말하던 친구도 그랬다.

방송통신대학교에서 인권 과목의 보조 교수를 한 학기 맡은 적이 있다. 학생들은 대개 일하면서 공부하는 분들이라 늘 시간에 쫓긴다. 그런데 그분들로부터 "나도 보람된 일을 하고 싶다."는 요지의 메일을 자주 받았다. 자신이 하고 있는 일과 그 보람을 일

치시키는 분들도 있지만, 둘 간의 괴리 때문에 괴로워하고 심지어 죄스러워하는 분들도 있었다. 어느 날 그런 고민을 위로한답시고 내가 좋아하는 책의 몇 구절을 전했다.

《장인: 현대문명이 잃어버린 생각하는 손》이라는 책이다. 저자 리차드 세넷은 "별다른 보상이 없더라도 일 자체에서 깊은 보람을 느끼고 별다른 이유 없이도 세심하고 까다롭게 일하는 인간"을 "장인"이라 지칭하며 "인간은 일하는 동물이라고 하더라도 기능으로 풍요로워질 수 있고, 장인 의식은 그를 존엄하고 빛나게 만들 수 있다."고 했다. "실제적인 일에 임하여 몰입하면서도, 일을 수단으로만 보지 않는 인간" "공동체를 이롭게 하는 일에 기술을 쓰는 사람"이 장인이었다.

이 구절들을 보고 한 분이 메일을 보내왔다. "밥벌이에 연연하지 않고 한 가지 일에 몰두할 수 있어야 장인도 되는 것"이라 생각한다며, "개인이 장인 정신을 가지려고 마음먹기엔 세상이 너무 팍팍해 보입니다."라고 한숨지었다. "〈남극의 눈물〉을 보면 혹등고래를 보호하자고 일본 포경선을 쫓아다니면서 반대 시위를 하는 서양인들이 있습니다. 그들을 보면서 처음엔 대단하다고 느꼈지만 나중엔 부러웠습니다. 부모님 걱정, 내 집 걱정, 취업 걱정, 결혼 걱정, 학자금 걱정, 육아 걱정, 애들 사교육 걱정 등등이 없으면 세상에서 제일 열심히 사는 한국 사람이 장인들이었을 텐데요."라는 내용이었다.

그분의 한탄처럼 좋은 일을 하며 살고 싶어도 그러기에는 삶이 너무 팍팍하다. 하지만 그런 좋은 일을 한 번에 몰아쳐서 할 수 있는 날이 오기만 기다릴 수도 없다. 그때 떠오른 것이 두 할아버지였다. 이분들을 소개하고 싶은 이유는 바로 다음의 세 단어 때문이다. 몰입. 경청. 동행.

먼저 단 할아버지 이야기다. 나는 단 할아버지가 베푼 큰 호의 덕분에 그를 알게 되었다. 그는 국제 앰네스티의 영국 지부에서 일하는 소문이 자자한 인권 교육 전문가였다. 내가 일하던 단체는 인권 교육이라는 영역을 개척하고 연구할 필요성은 느꼈지만 월세 내기도 벅차하던 형편이었던지라 어찌해야 할지를 모르고 있었다. 동료들은 내게 길을 한번 찾아보라 했다. 앰네스티 한국 지부의 활동가가 다리를 놔 줬다. 인권 교육을 배우고 싶지만 가난한 인권 단체라 체류비를 감당할 능력이 없는데 무슨 방법이 없겠느냐는 부탁에 단 할아버지가 선뜻 런던의 자기 집에 와서 딸의 방을 쓰라 했다고 전해 들었다. 그 밖에는 앰네스티 자원활동가에게 지급되는 교통비와 점심 값으로 해결할 수 있다 했다. 그래서 나는 거의 무일푼으로 런던에 갈 수 있었다. 그렇게 나에게 공짜로 방을 내준 기간이 9개월이나 됐다. 가서 보니 그런 호의를 받은 건 나뿐만 아니었다. 내가 머무는 동안 아르헨티나, 몽골, 필리핀 등 세계 곳곳에서 온 나 같은 처지의 활동가들이 할아버지 집을 제 집처럼 쓰다 갔다. 부엌 탁자 위에는 너덜너덜한 공책이 한 권 있었는데, '케이블 가 196번지의 이야기'라는 제목이 붙어 있었다. 케이블 가 196번지는 할아버지 집 주소이다. 공책에는 그 집에서 환대 받다 간 사람들이 쓴 말이 빼곡했다.

단 할아버지는 소위 일중독자이다. 흔히 일중독자라는 말을 쓸 때 거기에는 일에 지배 받고 늘 종종거리며 불안해하는 이미지가 들어 있다. 그러나 단 할아버지는 달랐다. 스스로 늘 일을 만들어 내는 사람이었다. 일과 여가를 구분하지 않고 늘 무언가 '하는 재미'에 푹 빠져 있는 자유인이었다. 강요되고 얽매인 노동을 하고 그런 노동에서 벗어난 시간과 장소를 구분하고 둘 간의 괴리로 괴로워하는 것이 분열된 삶이라면, 할아버지의 삶에는 그런 분열이 없었다.

세계 최대 규모라는 인권 단체 사무실로 출퇴근하는 것이 할아버지에게는 별 의미가 없어 보였다. 출근은 집안 의자에서 사무실 의자로의 이동이었을 뿐이고 퇴근은 또 다른 활동으로의 이동일 뿐이었다. 같은 사무실의 다른 많은 활동가가 퇴근 시간을 고대하는 직장인처럼 보인 것과는 사뭇 달랐다. 할아버지를 소위 수행해야 하는 나도 덩달아 바빴다. 방글라데시에서 온 이주 노동자 집회, 주말 장터를 거르지 않는 캠페인과 모금 활동, 지역 센터에서의 인권 교육 개발 교사 모임, 동네 주점 2층에서 열린 노동자 시 낭송 모임 등 죄다 할아버지가 만들어 낸 일들이 늘 한밤중까지 있었다. 세계에서 알아주는 일중독 국민인 한국인이요, 게다가 자발적 장시간 노동에 익숙한 인권활동가인 나조차 따라잡기에 헉헉거릴 일정이었다. '이 할아버지는 도대체 언제 쉬는 거야? 당신이 쉬어야 나도 쉬지.'라고 중얼거렸지만 답이 안 나왔다. 단 할아버지가 내준 것은 방뿐만 아니라 엄청난 일거리도 함께였던 것이다.

집으로 돌아와서도 할아버지는 쉬지 않았다. 이런저런 인권 캠페인에 쓸 거대한 모형을 만들거나 늘 그림을 그렸다. 하루는 갑자기 나보고 "우리, 용을 만들자!"라고 했다. 무슨 영감이 떠오른 모양이었다. 그날부터 두 달에 걸쳐 우리는 정말 용을 만들었다. 수많은 용 그림을 검토하여 가장 강렬해 보이는 모델을 정하고, 나무젓가락에 테이프를 감아 뼈대를 만들었다. 풀을 쑤어 화선지를 몇 겹으로 붙여 단단하게 만든 뒤 채색을 했다. 용의 크기는 웬만한 회의실만 했기에 마땅히 놓고 작업할 곳이 없었다. 뒷마당에서 작업하다가 용의 덩치가 더 커지자 집 근처 전철 고가 아래에서 하게 됐다. 한겨울에 풀칠을 하자니 손가락이 얼어붙었다. 가장 고전한 것은 용의 수염이었다. 날렵해 보이면서도 부러지지 않게 하기 위해 얼마나 애를 썼는지 모른다. 몇 번의 실패 끝에 수염 붙이기에 성공하자 할아버지는 아이처럼 펄쩍펄쩍 뛰었다. 화룡점정은 용에게 씌울 망토였다. "인권은 모든 사람의 것입니다."라는 글귀를 써 넣었다. 그 모든 것을 한밤중이나 주말에 틈틈이 했다. 지루하고 힘든 작업이었지만, 그 용이 시내 중심 광장에서 열린 인권 캠페인에 등장한 날 참석자들은 열광의 도가니에 빠졌다. 훗날 내가 귀국한 뒤 소식을 들어 보니 그 용은 대형 트럭에 실려 한 달여 유럽 전역을 순회하며 인권 캠페인에 쓰인 뒤 부서졌다 한다. 그 용의 제작 작업을 같이 한 덕분에 할아버지는 내게 '최우수 노동자'이자 '예술가'라는 두 개의 호칭을 부여했다. 나는 기쁘기는커녕, '단 할아버지, 난 당신에게 두 손 두 발 다 들었소.'라며 입이 죽 나왔다. 누가 시키지도 않은 일을 벌여서 고역을 자처하는 할아버지의 몰입을 쫓아갈 수 없었기 때문이었다.

그림은 할아버지의 기쁨이자 인권활동의 연장이다. 할아버지의 그림 그리기는 단지 대상을 그리는 데 그치는 것이 아니라 상대방의 얘기를 듣는 방식이다. 할아버지는 인권 교육을 위한 여행을 자주 하는데 가는 곳마다 호텔에 묵는 일이 없다. 인권 피해자 가족의 집에 머물면서 위로하거나 지역 운동가들의 집에 머물면서 현지 운동의 역사와 현안에 대해 귀 기울인다. 귀 기울여 듣는 얘기를 녹음하듯이 옮기는 것이 할아버지의 그림이다. 들으면서 끊임없이 손을 놀려 스케치한다. 할아버지가 사랑한 방문지

가운데 하나는 광주 망월동 5.18 희생자 묘역이다. 그곳에서 최루 가스를 맡았던 경험을 얘기해 주면서 기침하고 눈물 콧물 흘리는 모습을 재연했다. 그래서 할아버지의 작품에는 광주 망월동도 있고, 옥에 갇힌 노동자의 가족들을 위로하기 위해 그린 〈자유의 식탁보〉도 있다. 한국의 한 인권 단체에 복사본을 기증한 벽화 〈놀이하는 운동장〉에는 가는 곳마다 수집한 세계 어린이들의 놀이 노래 가사가 적혀 있다. 그렇다고 그림 그리는 시간이 따로 있는 것도 아니다. 사람을 만나고 인권 현장을 방문하면서 늘 스케치를 한다. 채색은 나중에 이런저런 일 사이에 틈틈이 한다. 그래서 물감 뚜껑이 제대로 닫힐 틈이 없고 집안은 온통 얼룩투성이다.

할아버지의 그림 전시회를 한국에서 연 일이 있다. 2002년 한일 월드컵과 인권영화제 개최 시기가 겹쳤다. 거리의 대형 전광판과 어우러진 거리 응원의 열기와 인권영화제의 숙연한 분위기는 맞짱을 뜨려야 뜰 수가 없었다. 조금이라도 눈길을 끌어 보고자 그 인권영화제의 부대 행사로 할아버지를 초청해 그림 전시회를 열자는 기획을 하게 됐다. 일은 벌였지만 아무리 소박하게 해도 국제 전시회이니 비용이 걱정될 수밖에 없었다. 그런데 처음부터 끝까지 마치 대기하고 있던 듯이 등장한 손길들로 인해 모든 게 술술 풀렸다. 할아버지의 여비는 할아버지의 그림엽서를 팔아 충당했다. 마침 영국에 여행을 간 자원활동가가 돌아오는 길에 할아버지의 그림을 운반해 왔다. 둘둘 말린 종이 뭉치로 들고 왔기에 표구 비용이 만만치 않았다. 직장인 자원활동가들이 팔을 걷어붙였다. 한 달여 동안 주말과 저녁 시간을 이용해 마분지를 오려서 액자 작업을 했다. 전시회를 마치고 그림을 되돌려주는 일은 런던과 파리의 지자체 활동을 탐방하러 간다는 어느 NGO 회원들이 해 줬다. 게다가 할아버지는 한국에 온 기간 동안 두어 차례 대학에서 특강을 하고 그 사례비를 인권운동 단체에 후원하고 갔다. 유일하게 많이 든 돈이 있다면 할아버지와 숱한 사람들이 매일 벌인 막걸리 잔치 비용이었다. 사람이 사람을 부르는 힘, 그런 만남에서 얻게 되는 같이 만드는 기쁨이 그림 전시회의 숨겨진 역작이었다.

그런 할아버지가 몇 해 전 공식적인 은퇴식을 치렀다. 동료들이 마련해 준 파티였는데, 축사에서 "내일 아침 단이 출근할 거라는 사실을 우린 모두 다 알고 있습니다."라고 했단다. 그 말대로 할아버지는 여전히 활동하고 있다.

그런 단 할아버지의 모습에 대해 난 처음에는 그저 '인권활동가가 직업이니까 당연하지, 뭐.'라고, 또한 '그렇게 몰두할 수 있는 형편이 되니까 그런 거겠지.'라고 여겼다. 늘 월세 걱정을 해야 하는 우리 단체와 비교해 볼 때 넉넉하다 못해 때로는 낭비처럼 보이는 거대 단체의 씀씀이가 눈에 걸려서 그런 생각을 했던 것 같다. 하지만 지켜보다 보니 그렇게 몰두하는 삶이 처음부터 당연하게 가능했던 것은 아니었다. 늘 방향타를 그리 두고 살아왔기에 천천히 평생에 걸쳐 펼쳐진 것이었다.

할아버지에게도 직업적 화가가 되고 싶었지만 그 꿈을 접어야 했던 생계의 무게가 있었고, 세 아이의 양육 때문에 부인과 전전긍긍해야 했던 세월이 길었다. 특수학교에서 교사로 일할 때는 따돌림에 의한 아이들의 고통에 가슴을 쳤고, 노동조합에서 일할 때는 정부의 탄압과 노조의 쇠퇴에 시름이 많았다. 방글라데시 출신 사람이 많은 동네에서 발생하는 이주민에 대한 혐오와 폭력에 맞서는 이웃으로 살아 내는 것도 평생에 걸친 일이었다. 맨 나중에 몸담은 인권 단체에서는 관료적 지시와 간섭을 받는 일이 적지 않았다. 윗사람들의 지시에 맞서 자유분방하게 일을 벌이는 할아버지를 아무도 손대지 못하는 아우라를 만든 것은 할아버지의 몰입이었다. 반면, 단체의 대빵이 나타나자 뒤꽁무니를 빼며 어디론가 몸을 감추던 할아버지의 모습도 일품이었다. "은숙! 난 저이가 별로 맘에 안 들어 잠시 사라질게. 너는 내가 어디 있는지 모르는 거야."라는 말과 함께 말이다.

피터 할아버지 역시 내게 방을 내준 분이었다. 1996년 유엔아동권리위원회에서 한국의 아동 인권 보고서를 처음으로 심사했다. 그 회의를 참관한 나는 그 결과에 대한 급한 글을 써야 했는데 컴퓨터가 드문 시절이었다. 그것도 한글이 깔려 있어야 했다. 피터 할아버지에게는 한국인 유학생이 쓰다 두고 간 컴퓨터가 있었다. 사흘 동안 컴퓨터를 써도 되고 냉장고에서 맘껏 음식을 꺼내 먹으라 했다. 피터 할아버지를 소개해 준 유학생이 들려준 사연은 대단했다.

할아버지는 엄청난 명문가에서 태어나 어렸을 때부터 연미복을 차려입고 영국 여왕의 파티에도 자주 갔었다 한다. 또한 다 커서는 부모님에게 엄청난 유산을 물려받았다. 하지만 평화운동에 참여하면서 그 모든 것을 버렸다. 정말 방 한 칸만 남기고 모든 재산을 가난한 사람에게 집을 지어 주는 단체에 기부해 버렸다. 피터 할아버지의 집은 마룻바닥은 삐걱거리고 침대 대신 매트리스만 사용하는 침실과 화장실, 작은 부엌이 전부였다. 그리고 방이 하나 더 있는데, 그 방을 피터 할아버지는 늘 누군가를 위해 비워 두었다. 평화운동이나 노동운동을 하는 사람들이 필요하면 언제든지 쓸 수 있도록 놔 둔 것이다. 그래서 그 방에서는 '일본군에 의한 성노예' 운동 관계자나 노동운동가가 기거하며 공부하다 갔고, 내게 빌려 줬을 때는 또 다른 방 임자를 기다리며 잠시 비어 있는 상태였다. 그러니까 피터 할아버지에게는 정말로 방이 한 칸뿐이었다.

할아버지는 재산뿐 아니라 하던 일도 버렸다. 할아버지는 비행기 설계사였는데 최고 엔지니어로서의 명예에다 당연히 돈도 많이 버는 직업을 갖고 있었다. 그런데 자신이 만드는 비행기가 전쟁에 이용된다는 이유로 고민하다가 그 직업도 버렸다. 비행기에 대한 자기 애정은 모형 비행기를 틈틈이 만들어서 주말마다 하이드 파크에 가서 날리는 것으로 해소한다고 했다. 할아버지가 모형 비행기를 들고 나가는 것을 언뜻 보게 됐다. 너무 정교하다 못해 아름다워 경탄이 나올 만한 비행기였다. 그런데 할아버지가 들고 나가는 것은 비행기만이 아니었다. 피켓도 있었다. "모든 전쟁을 중단하라! 무기 거래를 중단하라!"는 내용이었다. 할아버지가 하이드 파크에 가는 것은 비행기를 날리기 위해서뿐만 아니라 나 홀로 시위를 하기 위한 목적도 있었다.

나도 1인 시위를 해 본 일이 많지만 한 시간만 서 있으면 허리부터 온몸이 아프다. 여럿이 같이 해야 하는 것이 시위인데 법망을 피해 궁여지책으로 하는 1인 시위는 참 지루하고 서글프게 여겨질 때가 많다. 피터 할아버지의 나 홀로 시위는 법망을 피하기 위한 것도 누가 떠민 것도 아닌 자기 책임을 다하려는 행동이었다. 중학교 영어 교과서에는 런던의 하이드 파크에 대한 소개가 있었다. 엄청나게 넓은 도심의 공원인데 자유 발언대가 있어서 누구나 자기주장을 펼칠 수 있기에 하이드 파크의 명물이라는 내용이었다. '피터 할아버지가 바로 그 명물이었구나.' 하는 생각과 동시에 '참 힘들게 사신다.'라는 한숨이 나왔다. 하루는 피터 할아버지가 여자 친구의 전화를 받고 흥분했다. 교사인 애인이 휴직을 하고 평화 지킴이로 팔레스타인에 갔다고 한다. 이스라엘의 점령으로 학살과 온갖 인권 침해가 자행되는 곳으로 간 애인에게 온 전화였다. 다정한 말로 통화를 끝냈지만 금방 눈물을 떨어뜨릴 것 같은 로맨티시스트였다.

비행기 설계사라는 직업을 버린 할아버지가 새로 택한 직업은 동네의 사회복지사였다. 상담을 전담하며 독거노인이나 정신질환자들의 말벗이 되는 일이었다. 사회복지사로서도 은퇴할 날이 별로 안 남았는데 정작 자신의 노후를 위해서 준비해 둔 것은 전혀 없었다. 불로소득은 절대 안 되기에 은행이 주는 코딱지만 한 예금 이자조차 받을 수 없다며 은행 거래조차 하지 않는 분이었다. 물론 저축도 하지 않았다. 대개는 열심히 벌어서 저축한 이후에야 뭔가 타인을 위한 일을 하고 싶다는 순서를 정해 놓고 사는데, 거꾸로 순서를 밟아 온 것이 피터 할아버지의 삶이었다. 거꾸로 순서를 밟아 갈수록 할아버지는 대세와는 다른 결정을 더 세게 내릴 수 있었던 것 같다.

하지만 그 대단한 사연에도 불구하고 피터 할아버지가 내게 준 감명은 다른 데 있었다. 보고서를 작성하느라 사흘 밤낮으로 자판을 두드려 대는데, 매일 밤 미친 듯이 초인종이 울렸다. 정신병을 앓는 이가 자기 얘기를 들어 달라고 술에 취해 와서는 초인종을 눌러 대는 것이었다. 정신질환이 있다고 해서 병원에 수용하는 것이 아니라 자기 집·자기 동네에서 살면서 고쳐 가는 것이 맞기에, 피터 할아버지가 맡은 사람 가운데는 정부로부터 주거 비용을 받아 혼자 살아가는 정신질환자가 많다고 했다. 초인종을 눌러 대는 그녀는 술을 끊지 못해 자주 그런다고 했다. 피터 할아버지는 상담은 낮에 사무실에서 하자며 그녀를 집안에 들이지는 않았지만, 오랜 시간 선 채로 인터폰으로 고함치는 그녀 얘기를 들어 줬다. 짜증을 내지도 언성을 높이지도 않고, 그저 들어 줄 뿐이었다. "이해해요. 힘들겠네요." 또는 "잘 버티고 있네요. 더 잘할 수 있어요."라는 낮은 추임새를 넣으며 연신 고개를 끄덕이는 그런 모습이 할아버지의 전설 같은 이력보다 더 크게 다가왔다. 나중에 유학생한테 들어 보니 그 사흘만이 아니라 그렇게 밤낮으로 얘기 들어 주는 것이 피터 할아버지의 일상이라 했다. 그렇게 사흘을 보내고 짐 싸서 피터 할아버지 집을 나섰다. 웬 다부진 체격의 여성이 할아버지의 인터폰을 눌러 댄다. '아, 인터폰의 그녀구나.' 하며 그녀를 돌아봤다. 왠지 오래전부터 알던 사람이라는 느낌이 든다. '오늘도 피터 할아버지의 인터폰에는 불이 나겠구나…….' 괜히 가슴 한쪽이 뜨거워졌다. 나의 귀에는 인내심이 없고 입에는 폭주 엔진이 달렸다고 여겨질 때마다 피터 할아버지가 인터폰에 귀를 대고 있던 모습이 떠오른다.

인권 할아버지의 유쾌한 싸움

삶에는 늘 연기되는 것들이 많다. 개인적으로 노는 것, 즐기는 것도 연기되고, 실용적이지 않은 사귐과 나눔도 연기되고, 좀 더 고차원적인 자기실현과 기여도 연기된다. 지금 내 삶과 조건은 이쪽에 있고, 나누고 연대하는 삶은 저쪽에 있다. 어느 날 한 번에 몰아칠 수 있는 날이 있으리라 여기며 지금을 견디고 용서할 때가 많다. 우스갯소리로 "노세 노세 젊어서 노세."라고 "나중에 다리 아프면 돈이 아무리 많아도 유람 다닐 수 없으니 지금 당장 떠나라."고 주변 사람들을 부추길 때가 있다. 노는 것과 마찬가지로 지금 내 곁에 한 뼘을 내줄 수 없다면 아무리 여유가 많아져도 열 뼘을 내줄 수 있는 순간은 오지 않을 것이다. 각 사람의 몰두와 헌신이 모두의 삶을 풍요롭게 할 수 있기에 "연대는 오지 않은 미래가 아니라 이미 존재하는 사실"인 것이다.

가끔 "넌 무슨 홍길동이냐."라는 소리를 듣는 사람들이 있다. 고단하기로 소문난 밥벌이 속에서도 동네방네 어렵고 힘들다는 얘기가 들리는 곳에는 어김없이 나타나는 사람을 화제 삼을 때 그런 소리를 한다. 그런데 나 같은 직업적 활동가 말고도 홍길동으로 보이는 분들이 의외로 많다. 요즘 내 눈에도 자주 띄는 한 사람이 있다. 이름도 직업도 모른다. 다만 지나가는 말로, 하루 밤 새고 다음 날을 쉬는 직종이라 짬을 낼 수 있다는 얘기를 들었을 뿐이다. 쉬는 날 잠시 눈 붙이고 자기가 할 수 있는 일을 찾아다 닌다는 것이다. 말이 별로 없는 사람이다. 볼 때마다 서명을 받고 있거나 주변을 청소하고 있다. '정말 고단하겠다. 대단하다.'는 내 시선과 상관없이 그는 뭔가에 푹 빠져 있다. 열심히 이웃의 고통에 귀 기울이기에 아무리 힘이 들어도 동행할 곳을 찾는다는 것을 그의 몸짓을 보고 느낄 뿐이다.

누가 뭐라 설명하고 분석해 주지 않아도 지금 우리의 삶이 팍팍하기 짝이 없다는 것은 사실이다. 그런 팍팍한 삶에 창문 하나 뚫었으면 할 때가 많다. 창은 영어로 window, 바람의 눈이라는 뜻을 담고 있다. 바람은 온 세상을 보고 다닌다. 마찬가지로 내 삶의 창은 타인의 삶을 보고 듣는 것이고, 그렇게 보고 들음으로써 같이 견디는 것을 가능하게 하지 않을까? 단과 피터, 누 분 할아버지의 몰두와 경청과 동행의 삶은 그것의 연기를 허용하지 않고 자신의 삶에 창문을 냈기에 가능한 것이 아니었을까?

나는 그 기다림에 믿음을 주었는가?

함께 겪고 함께 버티는 힘

힘없고 추레한 한 사람이 강하고 품 나는 많은 인사들과
조직들이 외면하고 기억하지 않는 것을 지켜보고 기억해 주고
있다는 사실에 같은 사람으로서 고맙고 또 고마웠다.
그런 눈과 기억이 있기에 버티는 것, 기다리는 것이
가능하다고 여겼다. 쌍용자동차 정리해고 1000여 일,
제주 강정 해군 기지 저지 싸움 6년째 등
세상에는 숱한 기다림이 있다. 적금을 부었으면
만기가 되고도 넘었을 시간, 인연을 만들었으면
기념일을 만들어도 숱하게 만들었을 시간,
그런 시간을 맞고 채이고 굶고 거리에서 추위와 땡볕에 맞서며
버티게 하고 기다리게 하는 힘은 서로에게 적금 붓는 심정으로
만들어 온 숱한 인연이 아닐까 싶었다. 그것을 나는
'기다림의 연대'라고 표현하고 싶다.

© 구본주 | 파업 연작. 1990

구럼비 폭파가 시작된 날부터 제주행 비행기를 자주 타게 됐다. 제주에 간다고 뾰족하게 할 일이 있는 것도 아니지만 그냥이라도 가 봐야 한다는 끌림에 강정으로 향하게 됐다. 한번은 심한 돌풍을 만났다. 착륙한다는 안내가 나왔는데 갑자기 비행기가 심하게 흔들리더니 위로 솟구쳤다. 그러고는 코앞에 보이던 제주 공항으로부터 납치라도 된 양 한없이 멀어지는 것이었다. 비행기가 그렇게 한참이나 요동친 뒤에야 돌풍 때문에 착륙할 수 없어서 대기중이라는 방송이 나왔다. 그러기를 40여 분. 울렁거리고 불안하고 '이대로 죽는구나.'라는 생각이 들 즈음에야 재착륙을 시도한다고 했다. 바퀴가 땅에 닿았을 때의 안도감이란……. 내 발로 땅을 디뎠을 때는 누구라도 안고 울고 싶은 생각마저 들었다.

그 여행길에서 쌍용자동차 정리해고자가 아파트 옥상에서 투신해 자살했다는 소식을 들었다. 쌍용차 관련한 22번째의 죽음이었다. '얼마나 살고 싶었을까?' 그 소식을 접하고 내게 든 첫 생각이었다. '땅에 발 딛고 살아 있다는 것이 얼마나 대단한 일인데…….' '당신도 살아 있다는 것이 뭔지 잘 아는 사람일 텐데…….' '왜 조금 더 참지 못하고 그리 높은 곳에 혼자 올라갔어요?' '조금만 더 기다리지. 왜 기다리지 못했어요?' 그렇게 원망했다. 원망은 질문으로 반사돼 돌아왔다. '기다려라.'는 말은 '결코 안 된다.'는 말 아닌가요?

"우리 친구들의 도움 그 자체보다는 우리 친구들이 우리를 도 우리라는 확신이 우리에게 더 도움이 된다."는 말이 떠올랐다. 고대의 철학자 에피쿠로스가 남긴 말이라는데, 이 말을 자기 책에 인용한 현대의 한 철학자는 "신뢰는 의심의 만연으로 대체되었다."라며 "노동자의 연대와 집단적 저항에 공을 들이는 것은, 얻는 것은 거의 없고 손실 비용만 계산하기 어려울 만큼 클 것"이라는 암울한 진단을 내렸다.

22번째의 외로운 죽음은 그 진단에 딱 맞는 사례였다. '당신은 친구들이 도우리라는 확신이 없기 때문에 더 이상 기다리지 못했구나.' 의심을 신뢰로 대체할 길이 막막했으리라는 회한으로 손을 비빌 뿐이었다. 그러다 22번째 죽음 불과 얼마 전이었던 21번째 죽음을 맞았을 때가 생각났다.

21번째 죽음이 있은 뒤 서울 대한문 앞에서, 죽어 간 넋들을 기리는 천도제가 있었다. 나는 너무 춥고 다리가 저려서 앉지도 못하고 발을 동동거리고 있었다. 그때 눈에 들어온 한 사람이 있었다. 중년이라 하기에도 노년이라 하기에도 애매한 그분은 폐지 수거용 캐리어를 얌전히 세워 놓고 천도제에 참여한 뒤 정성껏 분향을 했다. 사람들 무리에서 멀찌감치 떨어져 단을 향해 단정하게 한 번 더 절을 한 뒤 폐지함을 끌고 밤거리 속으로 사라지는 뒷모습에 갑자기 울컥했다. 힘없고 추레한 한 사람이 강하고 폼나는 많은 인사들과 조직들이 외면하고 기억하지 않는 것을 지켜

보고 기억해 주고 있다는 사실에 같은 사람으로서 고맙고 또 고마웠다.

그런 눈과 기억이 있기에 버티는 것, 기다리는 것이 가능하다고 여겼다. 쌍용자동차 정리해고 1000여 일, 제주 강정 해군 기지 저지 싸움 6년째 등 세상에는 숱한 기다림이 있다. 적금을 부었으면 만기가 되고도 넘었을 시간, 인연을 만들었으면 기념일을 만들어도 숱하게 만들었을 시간, 그런 시간을 맞고 채이고 굶고 거리에서 추위와 땡볕에 맞서며 버티게 하고 기다리게 하는 힘은 서로에게 적금 붓는 심정으로 만들어 온 숱한 인연이 아닐까 싶었다. 그것을 나는 '기다림의 연대'라고 표현하고 싶다.

숱한 기다림이 있지만 해결은 요원하다. 그러니 우리의 기다림은 전리품을 나누고자 하는 기다림이 아니고 함께 쉬고 함께 버티는 기다림이다. 그렇다고 수동적으로 기다리자는 말은 아니다. 기다림은 가만히 있는 사람의 것이 아니라 움직이는 사람의 것이다. 그리워하고 마음 쓰는 것을 기다림이라 하지, 시간의 흐름을 무심히 보내다가 "아니 벌써"라고 하는 경우를 기다림이라고 하지는 않는다. 우리의 기다림은 강자 쪽에서 여유롭게 내뱉는 "차차"라는 말을 "당장"으로 바꿔 놓을 힘을 만들고 북돋는 기다림이다. 22번째 죽음 앞에서 '그간 내가 몸담았던 연대는 그런 기다림에 믿음을 주었던 것인가?' 되짚어 보게 됐다.

내가 '함께하는 운동'과 관련해서 처음 배운 단어는 연대가 아니라 대동단결이었다. 나의 학창 시절이자 민주화 투쟁의 열기로 기억되는 1980년대는 전국협의회들의 시대였다. 가령 전국노동조합협의회, 전국대학생대표자협의회 등의 이름이 거의 날마다 등장했다. 그런 이름들이 하도 많아서인지 당시 어떤 개그 프로그램에서는 그것을 패러디하여 '전도협'을 만들어 내기도 했다. 전도협은 '전국도둑협의회'의 약자였다. '전국○○협의회'는 단결과 힘의 과시였고 그런 조직을 만드는 데 많은 사람이 피땀을 흘렸기에 개그 프로그램의 패러디가 유쾌하지만은 않았다. 어쨌든 그만큼 그러한 단체들이 많았다. 그런 협의회의 창립식은 도깨비 작전을 방불케 했다. 어떤 식으로든 창립식을 막으려는 당국의 감시를 피해 산을 넘고 담장을 넘는 일이 흔했고, 회의장을 지키기 위해 밤새 보초를 서는 일도 많았다. 그래서인지 내가 소속원이 아니더라도 무슨 협의회의 깃발만 봐도 가슴이 울렁대고는 했다. 그런 협의회들은 연합 또는 연맹이라는 더 단단한 이름을 넣는 것으로 발전했고 지금도 볼 수 있는 조직들이 많다.

전국 시대라 이름 붙일 만한 그 시대의 학생, 노동자, 농민 등을 보면 뚜렷한 정체성을 내세웠다. 삼포(연애, 결혼, 출산 포기) 세대라 불리는 지금의 청춘에게는 미안한 말이지만, 그 시대에는 대학생이 되기만 해도 지성인이라 불렸다. 게다가 사회 모순 타파를 부르짖으면, 세상의 소금이 될 역사적 사명을 띤 사람들로 자타 공인됐다. 노동자-학생 연대, 농민-학생 연대 등을 책임지는 역할과 지위가 각 학생회마다 있었다. 그 청춘들이 지금보다 더 뛰어났거나 정의감이 남달라서였다고는 생각지 않는다. 대학만 들어가도 계급이 달라지고 대학을 졸업하기만 하면 취직 걱정이 별로 없던 사회·경제적 배경을 빼놓고 단순 비교할 수는 없을 것이다. 아무튼 출신과 성장 배경이 제각각인 학생들이 뭉뚱그려져 하나의 정체성을 띤 집단처럼 여겨졌으니 노동자나 농민의 정체성에 대해서는 더 말할 것도 없다. 사회 구조와 모순으로 말미암아 억압 받고 착취 받을 수밖에 없는 정체성, 그리고 의식적으로 그런 모순을 각성한 정체성이 만난 투쟁 연대가 대세를 이뤘다. 투쟁 연대는 무엇보다도 독재 정권과 기득권 세력과의 일전에 힘을 쏟았다.

그런 시대에 많이 쓰인 말 가운데 하나가 '의식화'였다. 당국과 기득권 세력은 불순한 사상으로 오염되는 것을 의식화라고 지탄하며 색출하고 탄압하는 데 열을 올렸다. 반면에 각성한 정체성으로 뭉쳤다고 하는 쪽에서 의식화의 의미는 비판적 사고를 통해 자신과 세상과의 관계를 제대로 깨닫는 것이었다. 그런 깨달음을 통해 주어진 질서와 운명을 수동적으로 살아가는 것이 아니라 능동적으로 고쳐 나가는 삶의 주인이 되는 것을 말했다. 의식화된 민중은 더 이상 불쌍하고 가련한 희생자가 아니라 역사의 주인으로 다시 태어나는 것이다. 그래서 연대의 주체에 대한 어느 정도의 이상화가 있었고 비장미와 숭고함이 배어 있었다.

그래서인지 그런 사람들에게는 "가까이 하기엔 너무 먼 당신" 같은 면이 적지 않았다. 당시에 소위 의식화된 학생들은 다른 학생들을 '일반' 학우라 불렀다. 마찬가지로 운동에 동조하지 않는 시민들은 '일반' 시민이요, 계급의식으로 각성하지 않은 민중은 '일반' 대중이었다. 운동권이 아니었던 한 친구는 어느 날 내게 이런 말을 했다. "운동하는 사람들은 나 같은 사람들을 '이하'의 사람들로 생각하는 것 같아." 그 '이하'라는 말은 '수준 이하'의 생략된 말이었다. 친구의 그 말에 나는 대답을 안 했고 또 못 하기도 했다. '일반'이나 '이하'에 속한다고 여겨지는 사람들이 갖고 있는 삶의 고민은 사소하거나 배부른 소리로 치부되었다. 그래서 지금은 그럴 소리를 할 때가 아니니 '좋은 시대'를 기다렸다가 하라고 했다.

운동 내부에서도 우선순위는 늘 정해져 있었다. 나 역시 장애인의 교육과 고용 촉진을 위한 법 제정 운동을 하자거나 복지 시설의 비리를 파헤치는 일을 함께하자고 찾아온 이들을 무시하거나 장애인 신문의 구독자를 늘리는 일을 함께해 달라는 요청을 외면한 부끄러운 기억이 있다. 미안한 마음도 있었지만 민주화 투쟁을 열심히 하고 나면 자연스럽게 뒤따라 올 좋은 결과가 있을 것인데 왜 이리 성급하냐는 생각으로 통쳤다. 나의 민주화 투쟁은 "타는 목마름으로" 애타게 기다리는 일이고 다른 투쟁은 "성급하다"고 타박하며 기다리라고 했던 그런 나의 냉정함에 대해서는 세월이 한참 지나고서야 화끈거리는 느낌이 왔다.

1990년대, 군부 독재가 아닌 문민 정부가 들어서고 많은 변화가 일어났다. 민주화운동을 계승하지만 뭔가 새로운 운동을 내걸고 출발한 운동 단체들의 이름에는 '연대'가 넘쳐흘렀다. 작명이 되고 간판이 걸리면 "또 연대네."라는 반응이 나올 만큼 연대가 대세였다. 이리 보아도 연대, 저리 보아도 연대였던 시대는 연대하는 주체를 어떻게 불러야 할지에 대한 긴장으로 시작됐다. '민중이냐 시민이냐'라는 호명을 둘러싼 긴장이 대표적이었다. 시민을 내세운 쪽에서는 전통적인 계급의식으로 무장한 세력만이 아니라 다양한 범주의 계층을 포괄해야 하는 것으로 사회가 변했다며, 민주화운동 시대의 의제를 뛰어넘는 다양화와 전문화가 요구된다고 했다. 반면, 여전히 민중을 강조하는 쪽에서는 시민의 호명을 불편해했다. 서구의 부르주아 시민혁명을 본 딴 것 같다고도 하고, 전문기술직에 속한 상층부 사람들의 언어이자 개량적인 것이라고도 했다. 또 시민이라 호명할 때 기층 민중을 배제한다며 의구심과 불만을 가졌다. 더 많은 사람을 포괄해야 한다는 방향성은 맞지만 어디까지나 노동자·농민 등 기층 민중을 중심으로 단결해야 한다고 했다. 이런 사정 때문에 당장 필요한 행동의 연대든 중장기적인 연대 조직이든 시민과 민중으로 대별되는 갈림이 뚜렷했다.

그런 긴장과 대립 속에서 나는 엉뚱하게 '인칭'을 떠올렸다. '나는 1인칭, 너는 2인칭, 나와 너를 합한 우리 빼고는 죄다 3인칭'이라는 생각이 들었다. 시민이든 민중이든 그렇게 부르려는 사람의 위치라는 것은 고정된 지정석 같았다. '나는 주인공, 너는 조연, 나머지 게네들은 엑스트라' 같은 거였다. '우리'는 연대의 의제를 결정하고 연대의 주인 노릇을 한다. '3인칭 그들'은 우리에 끼지 못한 사람들을 주워 담는 말이다. 주인이 있으면 손님이 있듯이 '그들'은 초대받든 초대받지 못하든 늘 손님의 자리에 앉아야 한다. '시민이 됐든 민중이 됐든, 연대의 주체 자리를 차지한 쪽과 손님의 자리 쪽에 앉을 사람이 늘 정해져 있다면 그런 연대에는 이미 문제가 있는 것이 아닐까?' 하는 의문이 들었다. 사정에 따라 '나'였다가 '너'였다가 '그들'이 될 수 있는 불확실한 것이 삶인데, 내 자리는 과연 고정석일까? 손님에게 기다리라고 하는 주인은 과연 주인다운 환대를 하고 있는 것일까? 주인이 기다리라고 해서 마냥 기다리는 손님은 손님다운 것일까? 어쨌든 누군가에게 기다림을 명령하는 입장에 서는 것은 어느 편에도 마뜩지 않은 일이라는 막연한 느낌이 들었다.

그런 고민을 할 무렵 소위 3인칭의 자리를 박차고 나온 운동이 꼬리를 물고 등장했다. 민주화운동 시대에는 "민주화만 되면"이라는 약속 어음에 말을 할 수 없었던 사람들, 민주화 시대가 됐다고 하는데도 늘 "시기상조"라거나 "차차, 다음 기회에"라는 말을 들어온 그 사람들이 자리 배정을 기다리지 않고 입장하기 시작한 것이다. 1인칭과 2인칭에 의해 선택될 차례와 기회를 더 이상 기다리지 않고 "우리는 지금까지 계속 있었고 지금도 바로 여기에 있다."는 3인칭의 선언이 터져 나왔다. 여성, 이주 노동자, 장애인, 청소년, 성소수자 등의 정체성으로 지칭되는 사람들이 드디어 모습을 드러내기 시작한 것이다.

부끄럽지만 나는 표정 관리와 자기 검열을 해야 했다. 자칫 내가 의무감으로 품어 준다는 인상을 준다거나 연민과 온정이라는 말이 무의식적으로 튀어나올까 겁이 났다. 솔직히 내가 겪어 보지 못한 사람들에게 어떻게 처신해야 할지를 몰랐기 때문이다.

나는 어떤 식으로 '비'와 관계 맺어야 하나? '비'장애인, '비'청소년 등 '비'의 위치는 여러모로 참 불편했다. 앞에서도 잠깐 언급했듯이 "나는 그런 사람들에 속하지는 않지만……"이라는 방식으로 말하는 것이 어정쩡했다. 책에서 가르쳐 주기로는 "내가 바로 박해 받는 이주민이다." "내가 바로 차별 받는 장애인이다."라는 방식으로 말하는 것이 연대의 화법이라는데 그런 말이 쉽게 나오지 않았다. '비'의 입장을 생각하면, 문제로부터 한발 물러서는 것이 당연해 보였다. "그래, 나는 장애인이 아니니까 뭘 안다고 떠들 수 없지." "장애인 당사자를 빼놓고 그 문제를 논할 수 없지."가 내가 내놓을 수 있는 유일한 입장이 됐다. 그리고 나는 '비'의 입장에서 그저 조력자면 된다고 여겼다. 그런데 조력자의 다른 이름은 관망자였고, 관망자는 논평자가 됐고, 논평자는 끼어들기를 꺼렸다. 결국 나는 그들과 별 관계가 없게 돼 버렸다. 비당사자와 당사자라는 구분을 다시 고민하지 않을 수 없었다.

또 다른 문제도 있었다. 모든 비주류가 다 자기를 드러내 놓고 권리를 외칠 수는 없다는 것이었다. 자기 의사와 상관없이 평생을 사설 복지 시설에 감금되어 살거나 혐오 범죄의 공포 때문에 겉으로 드러내기 힘든 문제를 안고 사는 등 나설 힘도 없고 말할 역량도 없어서 묻혀 지내는 사람들, 사회적 의제에 포함되려야 될 수 없는 사람들의 문제가 있는데, 나는 그 당사자가 아니니까 그들이 자기 목소리로 말할 때까지 관망하는 것이 정당화될 수 있을지 자신 없었다.

1인칭과 3인칭, 즉 우리와 그들이라는 관계 설정에 문제가 있는 것처럼, 헤아릴 수 없이 많은 정체성 가운데 눈에 띄는 몇 개만 찍어서 당사자와 비당사자를 구분하는 것도 관계를 방해했다. "정체성 떼고 공통의 문제로 함께하자."고 하는 것이 맞는다는 생각이 들었다. 이주자, 장애인 등 사회적으로 불리하고 취약한 정체성이 연대를 촉발시키는 동기가 되는 것은 당연하다. 하지만 촉발된 연대의 불꽃을 계속 태우려면 그 정체성 안에 갇히지 않고, 같은 문제로 영향을 받는 모든 사람이 만나서 공통의 문제에 영향을 끼치는 연대가 필요하다. 장애인 이동권 투쟁에서처럼 점화의 불꽃은 장애인에게서 나왔지만 교통과 이동에 있어 약자인 어린이, 임산부, 노인, 그 밖의 관계된 모든 사람들의 문제로 받아들여지게 되기 때문이다.

또 이런 경우도 있다. 유독성 폐기물을 배출하면서 사회적 규제를 거부하는 대기업의 공장을 두고 사는 지역이 있다. 그 구성원에는 노동조합원, 조상 내대로 살아온 노인들, 소작농, 생태주의 운동가들, 미등록 이주 노동자 등이 모두 포함될 수 있다. 이들은 많은 경우 서로 대립하는 입장에 서는 일이 많을 것이고 서로의 존재조차 인정하지 않으려 들 수도 있다. 하지만 공동의 식수원을 오염시키는 원인인 기업 권력에 대한 규제에는 이들이 함께할 수 있다.

공통의 문제라고 인식하면 서로의 차이를 대하는 태도도 달라질 수 있다. "내 기준, 사회적 통념에 따라 너를 바꾸라."고 강요한다면 들이받고 싸울 수밖에 없다. 반면, "네가 어떠하든 난 상관없어. 나는 나대로 살 테니 너는 너대로 살아라."는 태도는 그냥 무관심이어서 변화를 위한 아무런 역할도 못한다. 하지만 "차이는 당연한 거야. 나는 너와 다르기 때문에 내가 되고, 너는 나와 다르기 때문에 네가 되는 거잖아. 서로의 차이는 서로의 존재 조건이야. 그런데 네가 그런 차이 때문에 당하는 고통이 있다면, 그건 나뿐 아니라 모두와 상관있는 문제야. 그러니 같이 의논해서 지금까지와는 다른 길을 찾아보자." 이렇다면 공통의 문제로 인식하고 진심으로 함께하면서 다양한 길을 모색해 볼 수 있을 것이다.

문제는 "내 맘에는 안 들지만 내가 너의 그 차이를 참아 내고 봐줄게."라는 태도이다. 연대에서 차이가 문제가 될 때는 흔히 관용이라 부르는 이 경우이다. 주류에 속한다고 자부하는 사람들은 대개 권리 존중이라고 말하기보다는 배려나 관용이라 말하는 것을 즐긴다. 권리 존중이라고 하면 응당 줘야 할 것을 주는 것 같고, 배려나 관용이라 하면 내가 베푸는 것 같기 때문이다. 사회적 약자에 대해 참고 품어 주는 것조차 인색한 현실에서는 관용하는 태도가 절실하고 "그것만으로도 어디야."라고 반응하게 된다. 그런데 배려나 관용을 받아야 하는 입장에서는 그게 연대로 여겨지지 않고 억울하다. 애초에 왜 내가 불리한 취급을 받게 된 것인지, 왜 내가 가진 차이가 유독 문제가 되는 것인지 따져 보아야 한다. 그런데 묻고 따지기도 전에 "너의 차이를 배려하고 관용한다."고 해 버리니 맥이 풀린다. 배려하고 관용하여 조용히 살자는데 "왜 그래야만 하냐?"고 묻고 따지면 소란스럽다고 한다.

하지만 차이에 대해 침묵하는 관용 대신에 툭탁거리며 치고받더라도 시끄러운 관심을 요구하는 것이 연대가 아니냐고 되물어야 한다. 혹자는 이런 태도를 일컬어 "적극적 연대"라 했는데, 그것은 "차이에 대한 관용을 넘어 타인의 불리함에 적극 뛰어들어 싸우는 자세"를 말한다.

밥상에서 덤이나 객으로 여겨지는 사람들은 밥이 모자라면 눈치를 보게 된다. 끼지 못할 데 끼었다는 무안함을 느끼게 된다. 그러다 화가 치밀어 오른다. '같이 먹자고 불러 놓고 이게 뭐야, 대놓고 무시하는 거야.'라는 생각이 들기 때문이다. 이런 상황을 "역방향의 연대"라고 칭하기도 한다. 세상에 함께해야 할 문제는 널리고 널렸고 보탤 힘은 늘 모자라기에 신택과 집중이라는 말이 나오고는 하는데, 그럴 때 인내와 양보를 요구받는 것은 늘 사회적 소수자라 지칭되는 쪽이다. "사회적 소수자라는 게 만능은 아니잖아, 이럴 때는 좀 참아 주고 대의에 집중해 주면 안 되겠니."라고 눈치를 주거나, "중앙 방송에 집중하지 못하게 하는 주변 방송을 멈추고 하나로 집중하자."는 호소가 바로 그러한 것이다. 사회적 소수자에게 늘 중심으로 집중하기를 요구하고 스피커를 꺼 줄 것을 요구하면서 그것을 대동단결이나 연대라고 부르는 것이다. 하지만 당하는 쪽에서 보자면, 한편이라 생각하게 해 놓고는 결국 '알아주는 척했던 당신들이 더 나빠.'라는 배반감을 안겨 주니 역방향의 연대인 것이다. 이렇게 내가 몸담았던 연대는 대동단결과 배려와 관용 사이에서 차이를 대하는 미성숙함과 주류가 원하는 역방향의 연대 속에서 갈팡질팡해 왔다.

그런데 어느 날 갑자기 '무정형 날라리'들이 날아들었다. 이 날라리들은 "중심과 주변이 어디 있는데? 도대체 그걸 누가 구분하는데?"라는 질문을 던졌다. 어느 날 한 대학의 청소 노동자들이 전원 해고 당했다. 장시간 저임금 노동이라는 말이 얌전하게 느껴질 정도로 험한 일을 하던 사람들이 노동조합을 결성했다고 하여 하루아침에 잘린 것이다. 학교 측은 그걸 해고라 하지 않고 용역 회사와 계약을 해지했을 뿐이라고 했다. 그런 냉대에 흥분한 사람들이 농성하는 청소 노동자들을 찾아가고 밥을 나누고 홍보를 자청했다. 그러자 청소 노동자가 고용된 학교의 구성원이 아니면서 혹은 노사 분쟁이 벌어진 사업장의 구성원이 아니면서 왜 끼어드느냐고 난리가 났다. 비단 그 대학만이 아니었다. 영도의 한진중공업, 4대강 공사에 저항하는 두물머리, 그 모든 현장에서도 낯선 이들의 고통을 애달퍼하며 발길을 향한 사람들을 제일 먼저 맞은 것은 "외부 세력 물러가라."라는 현수막이었다. 그러한 현수막, 그러한 반응을 접할 때면 모두 당혹해하며 딱히 대응을 하지 못했다.

하지만 그때 "그래, 우리는 외부 세력이야."라고 대꾸하는 '무정형 날라리'들이 나타난 것이다. 그들의 대응은 냉수욕처럼 시원했다. 외부 세력이라는 말을 썼지만, 그 말에는 "우리는 같은 문제의 영향을 받는 사람이야." "그런 우리에게 안과 밖의 의미는 없어. 외부 세력은 너나 해."라는 송곳이 숨어 있었다. "외부 세력인 우리도 이렇게 관심이 많은데 내부 세력인 너희는 도대체 뭐하고 있느냐."라는 반격도 들어 있었다. 그러면서 "너흰 도대체 누구냐?"는 물음에 "날라리"라고 받아친 것이다. 사회적으로 표시되는 어떤 정체성에도 한정되지 않는 말이니 누구나 끼어들 수 있다. 기존의 어떤 정체성에도 구애받지 않을뿐더러, 하는 일이 어설프고 미덥지 못하거나 잘 차려입고 놀아 대는 사람들을 가리키는 비하어인 날라리를 갖다 댔으니, 굳이 거기에 끼기 위해 비장하고 숭고하게 목에 힘줄 필요도 없었다. 또한 연대가 대학 이름인 줄로만 알던 사람들에게 연대의 말뜻을 가르쳐 준 희망버스가 등장했다. 행선지에 동의하는 사람은 누구나 올라탈 수 있었고, 누구냐는 물음에 희망버스의 승객이란 것 말고는 다른 설명이 필요 없었다.

'누가 우리 같은 사람들 말에 귀 기울이겠어?' 원망하던 노동자들이 종이배를 접으며 기다리기 시작했고, '세상이 언제 나를 원한 적 있느냐.'던 사람들이 '나를 기다리는 이들이 있다.'며 채비를 했다.

어디에서나 애타는 기다림은 여전히 넘쳐나고 그 기다림은 친구들이 도우리라는 확신을 요구한다. 기다림은 계속 연대를 필요로 하고 또한 늘 새로운 연대를 요구한다. 하지만 새로운 것이 필요하다고 해서 무조건 옛 것의 퇴장을 명하는 것은 아닐 테다. 자발적 개인들의 만남인 희망버스가 달릴 때 단단한 연합과 연맹 조직들이 제 역할을 한다면 더 큰 힘을 발휘할 것이다. 사람들은 깃발을 꺼려 하는 것이 아니라 제 역할을 하지 않으면서 목에 힘주며 자기편으로의 대동단결을 외치는 행태를 꺼려 하는 것이다. 상상할 수 있는 다양한 형태의 연대가 두루 있어야 기다림에 힘이 될 것이다.

이러한 기다림의 연대를 생각하면 평생을 기다림으로 살아온 늙은 신부님이 떠오른다. 평택 미군 기지 건설을 막으려던 노력이 군부대까지 동원된 진압으로 박살 난 뒤에 마음을 크게 다친 문정현 신부님은 칩거중이었다. 또 다시 채비하여 강정으로 향하실 줄은 생각도 못했을 때, 이런 말씀을 들려주셨다.

"다른 사람, 고통 받고 있는 사람이 중심이야. 진보적인 게 뭐야? 가 있을 곳에 가야 되는 것이고, 거길 떠나지 않고 같이 있는 거야. 문제를 해결하고 뭐 승리하고 그런 건 우리 몫이 아닌 것 같아. 그럼 분신하고 자살하고 간 사람들은 정말 불행한 사람들이게? 좋은 것도 못 보고 가고. 그게 아니라 그 사람들은 좋은 것을 향해서 간 사람이지. 좋은 것을 지향하고 가는 거지. 내가 두 발을 딛고 있는 그 자리에서 피하지 않고 계속 머물러 있으면서 그 소리를 내는 것, 그게 우리 몫이야. 보이스리스란 단어가 있지? 아무리 목청을 돋우어도 소리가 들리지 않는 보이스리스라도 떠나지 않고 있는 것, 그게 진보지.

어떤 계기가 올 때까지 계속하는 거야. 해야 하는 일이니까 하는 거야. 성과를 바라면 못하지. 무엇이 조성돼야 그게 성과로 나타나는지 그건 누구도 몰라. 지속적으로 싸우던 사람들도 뭔가 변화가 오니까 저도 놀라는 것이지. 그런 것이지. 해야 하니까 하는 거지. 우리는 정에 굶주린 사람이어야 하는 것 같아. 애착, 관심! 보는 눈이 예민해야 돼. 옆에 뭔 일이 벌어졌을 때 그냥 넘어갈 수 없는 거야. 그렇게 만나는 게 임자지."

기다림을 비웃는 자들에게 진짜 기다림을 아는 신부님이 하신 말씀이었다. 이런 말씀을 해 주신 문정현 신부님은 사회운동에 관심 좀 가진 사람들에게는 설명이 따로 필요 없을 만큼 나름 유명한 분이다. '거리의 신부'라는 별칭을 사랑하며 따뜻한 사제관보다는 거리에서 찬이슬 맞으며 사람들과 고통을 나누는 것을 평생 업으로 해 온 분이다. 하지만, 난 오랫동안 신부님의 존재를 건성으로 알았다. 그런 내가 그분의 존재를 돌이켜보게 된 것은 한 피해자 가족과의 만남 때문이었다.

1980년대에는 조작된 간첩 사건이 많았다. 그 가운데 세상을 떠들썩하게 만든 사건 하나가 소위 '수지 김' 사건이었다. 부부 싸움 끝에 홍콩에서 부인을 살해한 사건을 미모의 여간첩이 남편을 납북시키려 했다는 간첩 사건으로 당시 안기부(국가정보원의 옛 이름)가 조작한 것이다. 세월이 흐르고 2000년대가 돼서야 조작 사건임이 밝혀졌다. 그 세월 동안 가족들은 화병으로 죽거나 간첩의 가족이라는 이유로 왕따 당하고 이혼을 당했다. 처음 그 사건이 폭로됐을 때 그 가족들이 우리 사무실을 찾은 적이 있었다. 밝혀진 엄청난 사실 앞에 막상 무엇부터 해야 할지 몰라 인권 단체들을 찾아 나선 것이었다. 한 번의 짧은 만남에 불과했지만 그때 나는 그 피해자 가족들을 대하면서 숨이 막히는 것 같았다. 너무 큰 무게의 고통을 대면하니 내게 상처가 옮겨오는 것 같은 공포심이 들어 어쩌지 못하고 멀뚱하게 헤어지고 말았다. 사실 관계가 이미 밝혀진 일이라 가족들은 더 이상 찾아오지 않았고 언론을 통해 국가배상 등 그 뒤 소식을 접했다.

그때 수지 김 사건에서 느꼈던 숨막힘을 다시 한 번 느낀 사건이 있었다. 2007년에야 그 진실이 밝혀진, 더 기막힌 '인혁당' 사건. 1974년 당시 중앙정보부(역시 국가정보원의 옛 이름)가 민주 인사들을 연행한 뒤 가혹한 고문을 가해 인혁당 사건이라는 것을 조작해 내고 1975년 4월 8일에는 그들에게 사형과 무기징역 등을 확정했다. 그리고 판결이 난 지 불과 18시간 만인 4월 9일 새벽에 사형을 집행해 버린 것이다. 그 사건이 고문으로 조작됐다며 32년 만에야 법원이 무죄를 선고한 것이 2007년 1월이었다.

그때 비로소 피상적으로 유명인, 재야 원로로만 알고 있던 문정현이라는 이름이 내게 다른 의미로 들어왔다. 문 신부님의 상징은 지팡이인데, 나이 들어서 지팡이를 짚게 된 것이 아니라 30대의 창창한 나이 때 다쳐서 그리 된 것이다. 인혁당 사건 당시 당국은 사형 집행한 시신을 가족에게도 인도하지 않고 고문의 흔적을 없애려고 급히 화장하려 했다. 그때 경찰을 쫓아가 싸우다가 다쳐서 다리를 절게 된 것이다.

하지만 내가 놀란 것은 이미 잘 알려져 있는 그 사건 때문이 아니었다. 신부님이 그 뒤 평생을 그 가족들과 '동행'했다는 것이었다. 억울하고 답답해할 때마다 그냥 껴안고 울었다는 말로 신부님은 그 긴 동행을 담담하게 설명하셨다. 고통스러운 사람과 잠시 같이 앉아 있는 것만으로도 힘들었던 내 경험에 비춰 볼 때 30년 세월을 타인의 고통과 동행했다는 것은 진심으로 기이했다.

그런 전설 속의 신부님이 한번은 나와 동행을 하게 됐다. 연말 연초 영하의 길거리에서 한 무리의 인권활동가들이 노숙 단식 농성을 한 일이 있었다. 신부님은 농성단의 일원도 아니었고 나이로나 건강 상태로나 단식을 할 상황도 아니었다. 그런데 매일 농성장에 오시는 것이었다. 원로로 대접 받는 자리도 아니었고 누가 오시라고 부른 것도 아니었다. 그런데도 얼음장 같은 추위와 지루함과 싸우는 그 자리에 매일 출근하셨고 틈만 나면 위문 공연을 하셨다. 지팡이로 하늘에 삿대질을 하며 온갖 익살맞은 노래로 굶주림과 추위에 지친 사람들을 웃겨 주셨다. 뚱한 성격의 난 그때에는 신부님을 보는 둥 마는 둥 묻는 말에 대답도 잘 안했다. 하지만 속내는 그 동행이 너무 고마웠다. 그 다음부터는 신부님과 관련된 모든 소식에 귀를 기울이게 됐다. 신부님과 관련된 얘기는 언제나 새로운 동행과 함께하는 기다림에 대한 얘기였다. '이번에도 또 누군가를 껴안고 울고 계시는구나. 난 언제쯤 고통의 전염을 두려워하지 않고 누군가를 안고 울 수 있을까.' 마음을 고르게 된다.

그리 길지도 넓지도 않은 내 기억 속에서만도 기다림에 지쳐서 사라진 사람, 기다림을 안고서 세상을 등진 이들이 제법 된다. 해결책이 요원해서가 아니라 기다림에 대한 나의 비웃음과 냉대로 더 많이 아프게 한 사람들도 많다. 3인칭의 '비'로 싸잡았기에 기다리고 있다는 신호조차 아예 보내지 못한 사람도 있을 것이다. 문 신부님의 동행하는 기다림, 쌍용자동차 추모식에서의 무명인의 예를 다한 추모, 세련됨도 변화도 모르고 긴 세월을 지켜 온 깃발들, 발랄한 충격으로 기다림을 만남으로 바꿔낸 새로운 연대들……. 서로 어긋나고 못마땅할 때도 많지만 이 모든 것이 함께해 온 기다림의 증거들이 아닐까 한다.

   주변을 둘러본다. "지금 가고 있어. 곧 갈 거야. 기다려." "응, 기다리고 있어. 빨리 와." 휴대폰을 든 주변 사람들은 이런 통화를 자주 한다. 일상에서 넘치는 이 말이 가깝고 친밀한 애정관계를 넘어 고통 받고 있는 그 누군가에게 신뢰를 던질 수 있어야 23번째 죽음이 없을 것이다. 그래서 정에 굶주린 마음으로 가고 또 가고 기다리고 또 기다린다. (이 글을 쓰고 나서 얼마 지나지 않아 23번째 죽음의 소식을 들었다…….)

나오며

나는 사람으로 살고 싶다

© 구본주 | 별이 되다. 2003

인권을 한마디로 정의하라 할 때 내가 즐겨 쓰는 표현은 "헤쳐 모여"이다. 숱한 교육과 훈련 과정 속에서 "앞으로 나란히! 줄 맞춰!'에 시달려 온 사람들에게 헤쳐 모이라는 말은 군대식 통일성을 요구하는 제식 훈련의 구호로 여겨질 것이다. 그러나 내가 말하는 "헤쳐 모여"의 의미는 전혀 다르다.

모래밭에 귀중한 것을 빠뜨렸다. 당신이라면 어떻게 할 것인가? 개와 고양이가 온 발로 땅을 후비는 동작처럼 모래를 헤쳐서 그 귀중한 것을 파낼 것이다. 인권이 탄생부터 해 온 일은 그런 것이다. 타고난 신분이나 자신이 선택하지 않은 혈연이나 종교 등을 매개로 한 공동체 집단이라는 모래밭에 빠져서 보이지 않게 된 개인을 발굴하는 것이었다. 인권은 모래알처럼 덕지덕지 달라붙은 갖은 정체성의 구분과 그로 인한 사람 차별에 반대했다. 모래알을 털어 내어 고유하고 대체 불가능한 개인의 소중함을 확인하는 것이었다. 한 사람의 고유성과 대체 불가능성이라 하면 다들 코웃음을 친다. 그런 소중한 대접을 받아 본 경험도 타인을 그런 식으로 응대한 경험도 별로 없어서이다. 그럴 때 나는 동료의 책에서 본 예를 든다.

사랑하는 이와 헤어진 젊은이가 있다. 그럴 때 주위 사람들이 하는 위로는 "여자는 또 있어." "남자는 또 있어."이다. 하지만 상실의 슬픔을 겪는 그 사람에게 그건 위로가 되지 못한다. 숱한 사람이 있고 또 다른 연애를 시작할 수는 있겠지만 상실한 연인을 대체할 수 있는 사람은 결코 다시 없기 때문이다. 그런 연인처럼 우리 한 사람 한 사람은 어느 누구와도 대체될 수 없는 고유성을 가진 존재이다. 인권은 그런 개인을 발굴하고 존중하는 것을 과업으로 삼는다.

하지만 세상은 개인을 그런 식으로 대접하지 않는다. 쓰다 버리거나 누구와도 대체 가능하다고 여긴다. 알량한 자리라도 보전하려면 굴욕을 버틸 뱃심을 기르거나 너 자신의 가치를 비싸게 만들라고 한다. 이런 환경에서 인권의 개인주의는 버텨 낼 재간이 없다. 한 개인이 개인으로서 개인답게 살기 위해서는 서로를 지지하고 응원해 주는 다른 개인의 존재가 필수적이다. 그것을 나는 "모여"라고 표현했다. "헤쳐"만으로 온전히 설 수 있는 사람은 거의 없다. "모여"를 잘해야 "헤쳐"가 가능하다. 그런데 이 "모여"의 전제 조건은 어디까지나 개인의 자유와 평등에 대한 존중이다. 개인을 존중하지 않는 "모여"는 소위 '불순'한 개인을 골라내서 해치려는 광적인 집단주의로 흘렀다. 가까운 과거에 나치주의가 있었다면 지금의 인권 문제 대부분은 인종적, 종교적, 국가적 집단주의와의 대결에서 나온다. "모여"가 부족하고 왜곡된 사회에서는 개인들이 시름시름 앓을 수밖에 없다. 이 "모여"의 과제에 대한 인권의 대응이 바로 '연대'이다.

"헤쳐 모여"의 과제는 결코 쉽지 않다. 남들 하는 대로 묻어가거나 남들의 노력에 무임승차하고픈 마음이 굴뚝같고 편리하기도 하다. 내 이익이 걸려 있거나 소비자가 되는 순간에만 개인의 발톱을 드러낸다. 타인을 할퀴는 개인주의는 쉽게 이기주의로 타락한다. 안 되겠다 싶어 좀 모여 보려 하면 자기나 자기 조직을 기준으로 삼으려는 간섭과 폭력이 심하다. 끼어들어 열매만 챙기려는 얌체들은 좀 많은가. "모여"를 하다가 상처받고 분노하느니 혼자 처박혀 지내는 게 더 낫다고 여겨질 때도 많다.

 나도 나 자신을 잘 모를 때가 많다. 어젯밤의 나와 아침의 내가 다르다. 내 속에서 씸박질하는 수많은 내가 있다. 그런 내가 타인을 이해한다면 얼마나 이해하겠는가? 세상에서 제일 큰 거짓말은 "니 맘 다 알아."인 것 같다. 나도 나를 모르는데 내가 당신을 얼마나 알겠는가? 그렇기 때문에 '타인에 대한 공감' '개인들을 괴롭히는 문제의 뿌리에 대한 인식' '공감과 인식에 기반을 둔 실천'이라는 연대의 공식은 책에서만 이해되는 공식일 뿐이다. 이 공식대로 사는 것은 미션 임파서블이다. 이 불가능성에 대한 영원한 도전이 우리네 인생이요 인권의 과제가 아닐까 한다. 영생이 없지만 우리는 삶을 추구하고, 불멸의 사랑이 없지만 사랑을 하고, 완벽한 관계가 없지만 사람을 만난다. 만나서 부딪치다 보면 어쩌다 한번 '번쩍' 불꽃이 일 만한 사건이 벌어진다. 그런 만남의 원리로서 "헤쳐 모여"를 적용해 보자는 것이 이 책의 제안이다.
 "인권을 실천하기 위해 뭘 할까요? 무엇부터 할까요?"라는 질문에 나는 우선 사람을 만나라고 제안한다. 나의 경쟁력을 높이기 위해 만남에도 계산을 넣고, 고독을 위해서가 아니라 자기 관리를 위해 고립을 자처하는 시간 관리가 이 시대의 처세술이다. 그 처세술에 도전하는 것부터가 다른 삶의 시작이 될 수 있지 않을까?

'지못미'(지켜주지 못해 미안해)라는 말이 유행해 왔다. '지못미'의 비슷한 말은 '부채감'이 아닐까 한다. 연대는 타인에 대한 부채감에서 시작된다는 말도 있다. 그간 내가 진 빚이 엄청나겠지만 지금 이 순간 말하지 않을 수 없는 빚이 있다.

엄윤섭. 그는 한 시민 단체가 내 첫 책 《인권을 외치다》를 교재로 8차례 강좌를 열었을 때 만난 열혈 수강생이었다. 나와 동갑이라는 그는 늘 하회탈 같은 웃음을 띤 사람이었다. 아침에 일어나면 그렇게 즐거울 수가 없다고, 하고 싶은 일이 너무 많아서 좋다던 사람이었다. 강좌가 마무리 될 무렵 오디오 전문가라는 그는 내게 꼭 손수 만든 오디오를 선물하고 싶다고 했다. 소식이 없기에 그냥 해 본 말인가 했더니 일 년 뒤 양손에 큰 봉지를 들고 나타났다. "Human Rights for All"이라는 글씨를 새긴, 세상에 하나뿐인 오디오를 만들어 나타난 것이다. 휴대폰이 없다는 그는 연락도 없이 불쑥 나타나 오디오 시험용이라며 자신이 편집한 음악 시디를 안기고 가고는 했다. 그런 사람이 지난여름 자살했다.

그는 지난 2009년 국군기무사령부 민간인 불법사찰 피해자 가운데 한 명이었다. 자기뿐 아니라 가족과 동료들이 사찰과 감시를 받았다는 데 충격을 받고 우울증을 앓았다 한다.

강기훈. 그는 '친구더러 죽으라고 하고 그 유서를 대신 썼다.'는 말도 안 되는 죄목(소위 '유서 대필'사건)으로 3년여 감옥살이를 했다. 아들의 무죄 입증을 위해 백방으로 뛰던 어머니는 내가 속했던 인권 단체에 나와 자원활동을 했다. 어머니는 사무실에 쌓인 자료들을 정리하고 번호표를 붙이는 일을 했다. 가끔은 제일 잘하는 음식이라며 돈가스와 탕수육을 만들어 활동가들을 먹였다. 그런 어머니가 간암으로 몇 해 전 돌아가셨다. 이십 년 세월이 지났지만 무죄를 확인받지 못한 아들 또한 간암 말기를 선고 받았다. 부당한 재판을 바로잡아야 한다는 요구에도 질질 끌다가 불과 며칠 전에야 대법원이 미적지근한 재심 개시 결정을 내렸다. 자식들에게 아빠는 무죄라는 것을 보여 주고 싶다는 그의 소망이 이뤄질지 전망은 불투명이다.

하고 싶은 일이 많아서 무척 즐겁다던 한 사람, 두 딸과 아내를 그렇게 사랑한다던 한 사내를 구석으로 내몬 사회에 우리가 살고 있다. 독재정권을 유지하기 위해 친구의 유서를 대신 썼다는 범죄를 만들어 씌운 역사를 바로잡지 못한 사회에 우리가 살고 있다. 과연 우리는 한 사람의 개인으로 존중받으며 살 수 있는 꿈을 가질 수 있을까? 나는 사람으로 살고 싶다. "헤쳐 모여"가 절실한 이유이다.

한 사람의 손때가 묻은 오디오, 어머니의 손길이 배어 있는 자료들에 둘러싸여 이 글을 썼다. 미안하고 감사하고 또 미안할 뿐이다. 지못미를 되뇔 뿐이다.
뚱하고 거친 태도의 나를 늘 살뜰하게 품어준 인권운동 안팎의 동료와 후원인들, 그리고 헤아리지 못할 만큼 많은 분의 연대에 감사드린다.

© Dan Jones

은숙 씨는 누가 기다리고 있는 양 그곳에 갔다

유해정 인권연구소 '창' 연구활동가

가을비에 바람마저 제법 쌀쌀했다. 오늘 일정이 어떠냐고 묻자 원고 마감이 코앞이라는 내용과 함께 "낮술?"이라는 답문이 왔다. 사무실에 도착하니 오후 3시. 식당 일을 마치고 막 도착한 그와 그가 오는 길에 주문했을 소주와 맥주 한 상자가 나를 맞는다. 늘 그렇듯 이야기는 술과 함께 시작된다. 모름지기 술은 사무실에서, 안주는 맛있는 걸로 먹어야 한다는 그의 '주론' 덕에 오늘의 안주는 동태탕이다. 커다란 냄비를 들고 사무실 인근 밥집으로 향한다. "역시 나를 반기는 이는 가겟집 주인밖에 없어." 언뜻 보기에도 넉넉히 담아 준 동태탕에 흥이 난 얼굴이다. 그는 나름 이 동네 상인들 사이에서 그릇을 들고 다니는 것으로 유명하다. 언제부터인가 일회용품들이 눈에 거슬리기 시작하자 그릇과 접시를 들고 음식을 담아 달라던 그를 처음에는 유별나다 여겼던 상인들도 이제는 익숙해진 지 오래다. 그러고 보니 그가 육식을 끊은 지도 참 오래됐다. 정말 긴 시간 그는 혀를 내두를 만큼 고기를 먹었다. 오후 간식으로 통닭을 사 들고 와 후다닥 해치우는 건 예사였고, 족발과 수육은 절대 빠져서는 안 되는 안주였다. 동료들의 눈살에도 꿋꿋이 육식을 즐기던 그가 어느 날 "살면서 먹을 고기는 이제 다 먹은 것 같다."며 고기를 끊겠다고 선언했을 때, 사람들은 작심삼일이라 여겼다. 하지만 그는 단호히 고기를 끊었다. 그리고 얼마 지나지 않아 삼성 제품을 끊었다. 그리고 요즘은 일회용품들을 끊고 있다. "인권활동가로 사는 건 참 피곤해. 온몸이 성감대 같거든. 먹는 것, 입는 것, 보는 것, 그 어느 것 하나 신경 쓰이지 않는 게 없어."

사람들은 그를 인권활동가라 부른다. 그리고 인권운동의 산 증인이자 역사라 설명한다. 마흔여섯 먹은 사람이 듣기에는 조금 과하다고 할 수도 있지만, 지난 21년 단 한 번의 곁눈질도 없이 인권운동의 외길을 묵묵히 걸어왔기에 류은숙에게 이런 수사는 결코 과하지 않다.

"운동을 하고 싶었던 적은 한순간도 없었어. 그저 내가 생각한 방식대로 살다 보니 여기에 서 있는 거지." 왜 운동을 시작했느냐고 물었을 때 그는 이렇게 답했다. 최루탄 냄새가 거리를 가득 메우던 시절에 대학을 다녔으니 그가 과학생회장, 총학생회 선전부장으로 활동한 것은 선택이기보다는 자연스러운 과정이었는지도 모른다. 하지만 졸업 이후 시작한 인권운동은 선택이었다. 어머니가 행상으로 꾸린 살림이었기에 하루라도 빨리 취직해야 했지만, 아무리 생각해도 월급 받고 사는 삶은 상상이 안 됐다. 그렇다고 노동자, 농민운동을 하자니 '먹물'이라는 자격지심이 너무 컸다. 그즈음 '한국판 드레퓌스 사건'으로 불리는 '강기훈 유서 대필 사건'이 터졌다. 노태우 정권이 집권한 지 4년째 되던 1991년, 당시 명지대학교 학생 강경대가 반정부 시위 중 백골단이 휘두른 쇠파이프에 맞아 사망하면서 전국은 혼란 그 자체가 되었다. 크고 작은 시위들이 거리를 메웠으며, 그해 6월 말까지 민주주의를 외치며 제 몸을 내던져 산화해 간 사람만 십여 명에 달했다. 당시 전국민족민주운동연합(아래 전민련) 사회국장이던 김기설 씨 역시 서강대 본관 옥상에서 "노태우 퇴진"을 외치며 제 몸을 던졌다. 당시 검찰은 "반정부 투쟁 분위기를 더욱 확산시킬 목적으로 김기설 명의의 유서 2장을 작성해 분신자살을 방조했다."며 김 씨의 동료이던 강기훈(당시 전민련 총무부장) 씨를 자살 방조 및 국가보안법 위반 혐의로 기소했다. 강기훈 씨의 결백을 주장하던 사람들마저 감옥에 보내졌다. 이 사건으로 정세는 역전됐다. 민주화 운동 세력은 동료의 죽음마저 정국에 이용하는 파렴치한으로 호도됐고, 여론은 민주화운동 세력에 등을 돌렸다. "친구의 죽음을 슬퍼할 겨를도 없이 유서를 대신 써 준 파렴치한"으로 낙인찍혀 감옥에 가는 상황에서 반독재·민주화운동을 넘어 한 사람, 한 사람의 양심과 고통에 주목하는 운동이 필요하다는 주장이 제기됐다. 더불어 다람쥐 쳇바퀴 돌듯 활동하는 것이 아니라 먼 앞을 내다보고 계획하는 전문화되고 대중화된 운동, 그러면서도 이념적으로 진보적인 운동이 필요하다는 주장이 제기됐다. 류은숙은 이러한 주장에 귀가 솔깃했다.

1992년 여름, 몇 명의 사람들이 새로운 인권 단체를 만들어 보자며 모였다. 인권이라는 말조차 일반 시민에게는 매우 생소하던 시절이었고, 운동권에게 인권은 반독재 민주화 운동을 지원하는 의미를 갖는 정도였다. 몇몇 민주화 관련 단체를 빼고는 인권 단체라 부를 만한 것도 별로 없던 때였다. 활동가들의 생계비는 고사하고 작은 사무실조차 마련할 여력이 없었다. 이런 사정을 전해 들은 한 사람이 자신이 몸담고 있던 사무실의 한 귀퉁이를 아무 조건 없이 내줬다. 그때 아무 사심 없는 선의를 베푼 이가 바로 당시 곽노현 한국방송통신대학교 교수(전 서울시 교육감)였고, 그 단체가 바로 민주주의 법학연구회였다. 그 귀퉁이를 발판 삼아 '인권운동사랑방'이 만들어졌다. 인권에 관심 있는 사람은 누구나 부담 없이 오라는 취지에서 사랑방이라 이름 붙였다.

단체 모습을 갖춘 뒤 맨 처음 한 일은 당시 한국의 인권 상황에 대해 알리는 것이었다. 1993년은 소위 문민정부라 불리는 김영삼 정부가 출범한 해였는데, 당시 정권은 더 이상 인권 문제는 없는 것처럼 떠들어 댔으며 주류 언론 역시 인권 사안을 외면하기 일쑤였다. 이런 문제를 어떻게 해소할까 고민하던 중 당시 사랑방 활동가 한 명이 국가보안법 위반으로 몰려 체포되는 일이 생겼다. 활동가들은 이때의 상황을 시시각각 담은 긴급 소식지를 만들어 팩스로 배포했는데, 그때의 경험을 발판 삼아 만든 것이 바로 국내 최초의 팩스 신문인 《인권하루소식》(아래 하루소식)이었다. 《하루소식》은 1993년 9월 창간된 이래 일주일에 5번, 매일 A4 2~3장짜리 분량으로 작성돼 발송됐다. 주류 언론에서 외면한 인권 사건을 드러내어 끈질기게 보도하는 것, 그리고 그 과정에서 무엇이 인권 문제인지를 널리 알리고 교육하는 것이 바로 《하루소식》의 역할이었다. 사실 말이 A4 2~3장이지, 《하루소식》을 만드는 일은 참 힘들고 고단한 과정이었다. 보통 마감은 새벽을 한참 넘어서야 끝났고, 24시간 취재, 편집이 가동됐던 날도 많았다. 소파에서 자는 게 《하루소식》 기자들에게는 일상이던 나날이었기에, 《하루소식》을 폐간하자는 주장이 연말·연초 회의 안건으로 상정되지 않은 해가 없었다. 《하루소식》은 2006년 2월 3000호를 끝으로 현재 온라인 주간 신문인 《인권오름》으로 전환됐다. 《하루소식》이 12년 6개월의 역사에 마침표를 찍던 날, 류은숙은 예전 사무실이 내려다보이는 술집에서 혼자 술을 마셨다. "3000호까지 내면서 《하루소식》이 늦게 나온 적은 딱 두 번 있었어. 한 번은 사무실 건물에 불이 났을 때였지. 1층으로 못 내려가고 모두 옆 건물 옥상으로 뛰어넘어야 했는데, 내가 겁이 많잖아. 그때 동료들이 나를 옆 건물로 피신시키느라 정말 애를 먹었어. 지금은 다들 뭐 하고 살까 싶기도 하고, 만들며 애먹고 힘들었던 생각도 나고······." 그날 그는 정말 엉망으로 취했다. 그리고 펑펑 울었다. 술잔을 가득 채운 눈물 속에 한 시대가 막을 내렸다.

1994년 여름 말복 날, 그는 동료들과 사무실 옥상에서 앵글 책장을 짰다. 주머니 사정이 뻔한 때였기에 책꽂이를 사는 것보다는 짜는 것이 더 낫겠다는 생각에서였다. 하루 종일 작렬하는 태양 아래서 낑낑거리며 땀으로 목욕을 한 뒤에야 6개의 책장이 만들어졌다. 갖고 있던 자료를 모두 꽂았지만 채 한 칸도 차지 않았다. 그 빈 책꽂이들에 '인권 정보 자료실'이라는 이름을 붙이고, "미련한 자가 그 미련함을 고집하면 현명해진다."는 어느 시 구절을 상기하며 자료를 모으기 시작했다. 자료 없는, 자료를 축적하지 않는 것이 그 당시 운동의 특성이었다. 매일 시국 사건이 터지고 검문과 압수 수색이 일상이던 시대였으니 자료가 모이지 않는 것은 당연하기도 했다. 하지만 그렇다고 매번 지난 기억을 상기하며 복기할 수는 없는 노릇이었다. 《하루소식》이 모은 성명서와 각종 기자회견문에 라벨을 붙였다. 국내에 제대로 된 인권 서적 하나가 귀했던 시절이었기에 회의나 연수차 외국에 나간 활동가들은 좋은 자료 하나를 복사해 오기 위해 하루 종일 빵 한 조각으로 버틴 날도 많았다. 선물은 고사하고 제 짐조차 내버리고, 굶어 가며 눈치 보며 복사해서 운반해 온 자료들로 책꽂이가 채워졌다. 그때 만들어진 자료들은 지금도 사랑방과 연구소 '창'의 서가 한쪽을 채우고 있다.

사랑방이 했던 일들 가운데 그의 손길이 닿지 않은 것이 하나 없지만 뭐니 뭐니 해도 류은숙 하면 떠오르는 것은 인권 교육이다. 그는 명실상부하게 우리 사회에 인권 교육이라는 것을 처음으로 도입하고 실행한 개척자이다. "권리는 누군가 지켜 주는 것이 아니라 스스로 지키는 것이라는 인식의 출발점"으로서 인권 교육의 필요성은 시대와 장소를 떠나 누차 강조해도 과하지 않는데, 새로운 인권운동을 표방한 사랑방에게도 인권 교육은 매우 중요한 과제였다. 이 와중에 구로·영등포 지역의 청소년 문화 단체인 '샘' 회원들이 국가보안법 혐의로 체포돼 심문 과정에서 가혹 행위를 당한 사건이 발생했다. 1994년에 발생한 이른바 '샘' 사건이었는데, 당시 '샘'이 "고등학생에게 주체사상을 전파하려 한 이적 단체"로 기소되면서, 이 단체 행사에 참여한 고등학생 100여 명이 조사 및 징계 조치를 받았다. 이 아이들과 만나게 되면서 사랑방은 학생 인권에 대해 고민하게 됐다. "1994년에 고등학생 인권 토론회를 비밀리에 개최했어. 왜 비밀이냐 하면 학교에서 아이들이 처벌받을까 봐. 그런데 70명이나 와서 자기네끼리 4시간에 걸친 토론을 하는 거야. 그걸 보면서 '학생들의 인권 문제가 정말 심각하구나.' 새삼 체감하게 됐지." 그해 겨울 그는 외국의 한 아동 단체로부터 소포를 받았다. 그 소포에는 유엔아동권리협약에 관한 우리나라 정부의 이행 보고서가 들어 있었다. 정부 보고서는 온갖 화려한 미사여구로 넘쳐났다.

1995년 사랑방은 본격적으로 인권 교육과 아동·청소년 권리 사업을 시작했다. 인권 교육이 누구에게나 중요하지만 어렸을 때만큼 중요할 때는 없다는 결론에 이르면서 인권 교육과 유엔아동 권리 사업이 쌍두마차처럼 병행된 것이다. 1995년 그가 인권 교육 업무를 담당하면서 맨 처음 한 일은 단체들에게 유엔아동권리협약의 중요성을 설명하는 것이었다. 그해 3월 '어린이·청소년 권리 연대'가 만들어졌고, 그해 7월에는 유엔에 정부 보고서를 반박하는 민간단체 보고서가 작성돼 제출됐다. 11월에는 제네

바에 가서 유엔아동권리위원회 회의에 참석하기도 했다. 때마침 주류 언론 역시 이러한 움직임에 주목하기 시작하면서, 1995년은 "아동에게도 인권이 있다."는 말이 국내에서 처음으로 회자된 원년으로 기록됐다.

참 많은 인권 교육을 하기도 했다. 일주일에 한 번씩 공개강좌를 연 것은 물론 활동가를 비롯해 전문가 대상의 세미나와 대학생들을 대상으로 한 인권 교육도 진행됐다. 하지만 참여자의 능동적인 참여와 실험, 실천을 결합한 인권 교육의 프로그램을 개발하고 실행하기는 쉽지 않았다. 1995년 겨울 그는 영국 앰네스티로 연수를 떠났다. 그리고 1999년에는 뉴욕 컬럼비아 대학교로로 떠났다. 인권 교육을 제대로 배워 오라는 조직의 특명을 부여 받았으나 손에 쥔 거라고는 달랑 왕복 비행기 표와 영어 사전이 전부였고, 낯선 곳에는 아는 사람 하나 없었다. 시쳇말로 바닥에서 벅벅 기며 인권 교육을 배웠고, 돌아와 그것을 한국의 인권 교육에 접목하기를 반복했다.

한치 앞도 보이지 않던 인권 교육의 텃밭을 일구기를 십수 년. 시작할 때만 해도 그게 뭐냐 되묻던 인권 교육이 이제는 대세가 됐다. 운동 단체는 물론이고 각종 정부 기관 및 공무원, 심지어는 군대에서도 인권 교육이 이뤄진다. 대학을 넘어, 초·중·고등학교에서도 인권 교육이 각광 받는다. 물론 원칙과 현실의 괴리 속에서 앞으로도 인권 교육이 넘어야 할 장벽은 높고 많지만 "학교에서도 인권을 가르쳐야 한다."는 구호가 현실이 된 것만으로도 격세지감을 느끼기에는 충분하다.

이 밖에도 그가 했던 일들은 일일이 나열할 수 없을 정도로 많다. 물론 오롯이 그만이 한 일은 아니었으나 사랑방의 기초를 잡고, 초기 인권운동이 제자리를 잡는 데 그가 중요한 역할을 했음은 부인할 수 없다. 누군가 사랑방 10년 축사로 "사랑방을 키운 건 8할이 고집스럽고 집요한 하나의 정신"이라고 표현했는데, 미련스러워 보일 정도로 비타협적인 완고함의 한 축을 담당한 것이 바로 그였다. 그렇게 사랑방에서 15년을 보냈다. 그러하기에 사랑방에는 그의 청춘이, 그에게는 사랑방이 고스란히 묻어 있다.

2006년 그는 사랑방 부설기관으로 있던 인권운동연구소(아래 연구소)를 독립시켜 사랑방을 나왔다. 종합선물세트 같은 '백화점 식 운동'을 지양하고 각 사업 단위가 일정한 기틀이 마련되면 분리 독립해야 한다는 사랑방 운동 원칙에 따른 결정이었다. 하지만 그 개인적으로는 물이 고이면 썩는다고 사랑방에 너무 오래 있었다는 생각과 후배들과의 갈등 역시 떠나야 할 이유가 됐다. 2006년 인권영화제 업무를 끝으로 사랑방 활동을 정리한 나도 2007년 연구소에 합류했다.

2007년, 비정규직 노동자가 전체 노동자의 절반을 넘어서면서 정부는 비정규직을 보호하겠다는 미명 아래 비정규직의 고용 기간을 2년으로 제한하는 것을 골자로 한 비정규직법을 제정했다. 하지만 이 법은 비정규직을 보호하기는커녕 7월 시행을 앞두고 비정규직 노동자의 대량 해고를 낳았다. 그해 여름, 비정규직법의 첫 희생자였던 뉴코아-홈에버 노동자들이 사측의 정리해고에 맞서 강고한 투쟁을 벌였다. 이들은 매장을 점거하고 80만원 인생의 설움을 토해 내며 생존권을 부르짖었는데 바로 그때, 매장 밖의 사람들이 "쇼핑할 권리도 인권"이라며 핏대를 세웠다. 매장에 입점한 상인들은 비정규직이 자신들의 영업권을 침해했다며 이틀이 멀다 하고 대규모 항의 시위를 벌였고, 여기에 자본가들까지 합세해 자본가의 인권을 떠들어 댔다. 사회적 약자를 위한 언어인 인권이 이권이 되어 모두에게 되돌아왔을 때, 우리는 참담했다. 개별화되고 이기주의화된 권리 의식을 뛰어넘을 수 있는 그 무엇인가가 미치도록 그리웠다. 답은 멀리 있지 않았다. 인권은 자유, 평등, 연대로 구성되는데, 수많은 자유와 평등의 외침 속에서 유독 '연대'만은 속절없이 잊혀 있었고, 우리는 그것을 복원할 필요를 느꼈다. 인권은 "가장 절박하고 어려운 사람들의 최후의 언어여야 한다."는 간절함으로 우리는 공부를 다시 시작했다. 그리고 우리 시대 활동가들에게 도대체 연대가 무엇인지, 또한 어때야 하는지를 묻고 또 물었다.

100명을 대상으로 한 '연대에 관한 심층면접 조사'를 하면서 우리는 연대가 힘의 결집을 통해 물리적 성과를 가져오는 힘을 넘어 '혼자라는 두려움'을 극복하고, 또 다른 나와 만나는 과정임을 어렴풋이 깨달았다. "문제를 함께 풀어 나가면서 내가 품어야 될 사람, 내가 더 알아야 할 사람"의 폭을 한층 넓히는 것, 그 속에서 내가 혼자서는 온전히 설 수 없음을 고백하는 것, 그것이 바로 연대였다. 무릇 남의 일을 제 일처럼 여기라는 말처럼 뜻대로 안 되는 일도 없지만 그래도 비틀거리면서 되돌아보는 것이 연대였다. 오라는 연락, 무르익을 때를 기다리기보다는 '필요하다' '함께하고 싶다'는 마음이 들면, 빈 주머니를 열고, 함께 걷고, 넘어지면 아픈 거라고, 아프면 잠시 쉬어 가도 된다고 함께 울어 주는 것이 연대였나.

 그때부터였던 것 같다. 사무실에 있기를 좋아하던 그가 오라는 연락 없이도 혼자서 거리에 나서게 된 것은. 그는 시간이 될 때마다 촛불 집회에 나갔고, 부산행 희망버스를 탔다. 서울 시청 앞에 자리 잡은 쌍용자동차 해고 노동자 분향소에 비가 온다며 온종일 부침개를 부쳐 슬며시 갖다놓고 오고, 봄바람이 난 것 마냥 강정 마을로 향했다. 딱히 부르는 이 하나 없었지만 그는 꼭 누가 기다리고 있는 양 그곳에 갔다. 딱히 하는 것 없이 온종일 앉아 있다 오면서도 불평하지 않았다. 그에게 새로운 바람이 불었다.

 어디에 있든 그는 언제나 금요일 막차나 토요일 첫차로 서울로 되돌아왔다. 식당에 가야 했기 때문이다. 토요일과 일요일, 월요일 점심까지 그는 주말 내내 서울 근교의 한 식당에서 일한다. 2000년도부터 식당일을 시작했으니 벌써 12년째. 대자보와 컴퓨터가 익숙하던 손에 물때가 끼면서 이제 식당 노동자라는 말은 인권활동가 류은숙을 설명하는 또 하나의 수식어가 됐다.

사랑방 활동가들은 1998년 연말 2년간에 걸친 격론 끝에 '운동 원칙 선언'을 만들었다. "일제 강점기에 독립군들이 월급 받고 운동했겠느냐."는 말에서 시작됐다고 해서 소위 '독립군 정신'으로 회자되는 이 선언은 당시 인권운동 판은 물론 시민사회운동 판에서 적잖은 논쟁을 불러일으킬 만큼 파격적이었다. 민주화의 진전에 따라 시민사회운동이 사회적으로 안착되면서 당시는 직업활동가의 존재가 당연시되었고, 단체 상근자의 활동비와 사업비를 모으기 위해 단체가 '돈이 되는 사업'을 하는 것은 일반적인 추세였다. 하지만 사랑방 활동가들은 운동이 직업이 되고, 운동의 독립성이 훼손되는 것을 경계했다. "운동을 활동가의 생계 수단으로 삼지 않"으며, "활동비에 대한 의존에서 벗어나 독립된 생계 수단을 확보"하자는 것이 선언의 주요 내용이었으며, 이 결정의 하나로 당시 50~65만원에 이르던 10년 이상의 고참 활동가들의 활동비를 반으로 삭감했다. 그렇게 마련된 재정의 여유만큼 멤버십이 개방돼 새로운 활동가들이 충원됐다. 현재 왕성한 활동을 하고 있는 배경내, 고은채, 김영원 등이 그때를 전후해 사랑방에 입방한 활동가들이었고 나 역시 그 가운데 한 명이었다. 나이와 운동 경력, 직책 등을 떠나 우리 모두는 매달 35만원의 활동비를 받으며 활동했으며 활동비가 0원이 되는 상태를 우리의 목표로 삼았다. 과외, 논술, 학원 강사, 번역, 녹취, 신문·우유 배달, 전단 배포 등 구성원 모두가 손에서 아르바이트를 놓지 못했다. 박래군 선배와 나는 당시 1종 운전면허에 도전했는데, 여차하면 시골에서 배추라도 떼어 와 팔자는 계산이었다.

그 역시 과외와 학원 일로 생활비를 벌었다. 하지만 컬럼비아대학교 인권 연수를 다녀와 밀린 부채를 해결한 뒤 학원을 그만뒀다. "나는 인권 교육을 하는 사람인데 내 밥벌이는 사교육이라는 현실을 더 이상 감당할 수 없었어. 양심이 괴로웠지. 먹고사는 것을 핑계로 전업하거나 전향하지 않기 위해선 다른 일이 필요했어. 운동이 경력이 되어 버린 학생운동 동료들처럼 살고 싶진 않았거든." 그래서 시작한 것이 식당일이었다. 미친 듯이 물질하고 돌아와 소주 한잔 툭 털어 넣으면 다시 인권활동가로 돌아올 수 있었다. 하지만 그 역시 이 노동을 12년이나 이어 올 것이라고는 생각하지 않았다. 시간이 지나면서 이 노동을 해야 할 이유가 단단해졌다. "이걸로 내가 먹고사는 한 어느 누구도 나를 유혹할 수 없다."는 스스로에 대한 확신이 들었기 때문이다.

그에게 식당 노동은 아르바이트가 아니다. 생존이다. 식당 노동을 통해 얻은 수입만 그 자신의 수입으로 셈하기 때문이다. 달력에 여백이 없을 만큼 많은 강연과 교육을 다니고 글을 쓰지만 인권활동을 통해 나오는 수입은 고스란히 연구소 '창'의 사업비로, 인권활동을 위해서만 사용된다. 그러하기에 악착같이 식당에 간다. 식당 주인이 한때 함께 운동을 한 선배이니 사정만 잘 말하면 될 텐데도 그는 정말 어지간한 일이 아니고서는 일하러 가는 것을 빼지 않는다. 그래서 그는 올해도 강정에서 여러 차례 비행기로 식당에 출근하고는 했다. 그러면서 "비행기로 출근하니 '럭셔리 좌파'가 된 것 같다."고 자랑했다.

그렇게 단단한 그이지만 사실 그도 1년에 한 번씩 "이제 그만둬야지."라며 보따리를 싼다. 연구소는 2007년 초 인권연구소 '창'으로 그 이름을 바꾸고 인권활동가들의 전문성과 교육을 담금질하면서 인권 현장에 필요한 구체적이고 진보적인 인권 이론을 활동가의 눈과 손으로 만드는 것을 그 수임 사항으로 내걸었다. 하지만 내가 아이를 낳고 아이를 키우면서 한발을 뺀 뒤로 그는 몇 년간 그 공간을 혼자 지키고 있다. 10명의 비상임 연구활동가들이 있지만 다들 제자리에서 해야 하는 일들로도 버겁다 보니 연구소를 지키고, 계획을 잡고, 집행하는 것 모두가 온전히 그의 몫이다. 그러다 보니 계속 진행되는 강좌 이외에 연구소 '창'은 이렇다 할 성과를 내놓지 못하고 있고, 관계들도 비틀거린다. "내가 지금 이 운동을 망치고 있는 건 아닌가." 하는 자책은 20년차 인권

활동가도 일 년에 한 번씩 보따리를 쌌다가 풀게 할 만큼 늘 그를 힘들게 한다.

그럼에도 그가 이 일을 그만두지 못하는 것은 부채감 때문이다. "솔직히 내가 지금 가진 경험이나 지식은 내 것이 아니고 인권운동의 자산이잖아. 평생 할 자신은 없지만 최소한의 공유는 가능한 토대를 만든 다음에 떠나도 떠나야 하는 거 아닌가 싶은 거지. 혼자 시작할 수는 있지만 혼자 그만두는 건, 내가 가진 것이 '내 거'라고 생각할 때만 가능한 거니까."

그래서 그는 오늘도 사무실을 지키고 인권 현장을 지킨다. 그것이 "고난과 굴욕을 당연한 것으로 여기지 않고 도전해 온" 수많은 인권의 저자들에 내한 예의이며, 힘겨운 길을 지금도 묵묵히 걷고 있는 인권활동가들에 대한 최소한의 도리라 믿기 때문이다.

그는 술을 참 좋아한다. 그리고 밥상을 나누기를 좋아한다. 더불어 속도 깊고 인정도 많다. 사랑방이나 연구소 '창'에서 그가 차린 식탁에 둘러앉아 밥을 같이 먹어 본 사람이라면 안다. 그가 얼마나 푸짐하게 밥상을 차리는지. 그의 식탁은 언제 새로운 사람이 와도 앉을 수 있을 만큼 항상 넉넉하다. 하지만 동시에 퉁명스럽고 단호하며, 능력을 중히 여기는 것 역시 그다. 사람에 대해서도 좋고 싫음이 분명해 그의 식탁에 초대 받아 앉을 수 있는 사람은 항상 제한적이었다.

나는 한때 그를 참 미워했다. 내가 사랑방에서 《하루소식》 편집장 업무를 잠시 맡게 되었을 때였다. 그는 당시 《하루소식》 발행인이었는데, 매일 아침 전날 내가 쓴 기사가 모두 첨삭되어 사실 관계를 제외하고는 하나도 남아 있지 않은 모습을 확인하는 일은 정말 고통스러웠다. 앞에 앉혀 놓고 '하지만'이 좋은지 '그러나'가 좋은지를 고민하며 몇 번이나 기사를 손질하는 선배들을 지켜보는 것 역시 괴롭기는 마찬가지였지만, 내 기사가 완전히 새로 써질 것임을 알고 퇴근하는 것보다는 고통스럽지 않다. 당해 본 사람은 안다. '니가 잘났으면 얼마나 잘났다고……' 하는 심경을. 그때 마신 소주가 태산을 이뤘다.

그는 사랑방의 모든 일들을 항상 유능하고 깔끔하게 해냈다. 사랑방이 해 왔던 운동이라는 것이 당시로는 새로운 시도들이 많았고, 딱히 선배라 해도 더 안다고 이야기할 수 없는 미지의 것들이었지만 사랑방 안과 밖에서 "류은숙에게 맡기면 일이 된다."고 할 만큼 그의 능력은 출중했다. 부럽고 존경스러웠지만 쫓아가기에는 너무 걸음이 빨랐다. 그는 힘든 일들을 척척 해냈지만 중요한 일은 결코 다른 누군가에게 맡기지 않았다. 나는 그의 기준과 속도를 버텨 내지 못했고, 내 자신을 스스로 지진아라고 비하하기도 했다. 그러면서 중얼거렸다. "선배, 노후가 참 외롭겠다."

책임감과 헌신, 그리고 유능함은 당시 사랑방이 요구하는 활동가의 덕목이기도 했지만 그가 활동가들을 평가하던 기준이기도 했다. 사랑방의 한 동료는 "모두들 엘리트라서 숨이 막힌다."며 활동을 그만뒀고, "사랑방이 원하는 건 인간이 아닌 정말 슈퍼맨"이라는 후배들의 볼멘소리가 한동안 끊이지 않았다.

그런 그가 최근 몇 년 사이 참 많이도 변했다. 더 이상 운동의 경험과 직관을 내세워 "그건 해 봤는데 안 돼."라는 말을 하지 않는다. 잘 되지 않는 일에 대해 회의하는 것, 여러 사람과 함께하는 것을 소모적이라고 여겼던 그가 "회의를 하자." 하고 결론 없이 이야기가 길어져도 "수고했다."는 말을 잊지 않는다.

제대로 된 인권운동이 되기 위해서는 "관계도 속도도 방식도 달라져야 한다."고 말한다. 그러고는 "너무 빨리 달리면 영혼이 따라오지 못할까 봐 말에서 내려 잠시 영혼을 기다린다는 인디언의 이야기를 기억"하며, 빨리 가려는 자신을 붙잡아 두기도 한다.

그를 알아 온 지난 15년의 세월 동안 지금의 류은숙만큼 좋은 류은숙은 없었다. 해서 그는 이제 나는 물론 인권운동의 후배들에게 더 이상 운동 선배'만'이 아니다. 언니 류은숙이다. '선배 여성 인권활동가'가 매운 드문 현실에서 그는 운동을 함께 고민할 수 있는 믿을 만한 동료이며, 동시에 자신의 비틀거림에 대해서도 이야기를 나눌 수 있는 소중한 친구이다. 누군가는 그를 '항구'에 비유하기도 했다. "일상에서 지친 영혼과 몸이 돌아와 잠시 쉬며 새 힘을 얻어 갈 수 있는 곳, 항상 거기 있을 거라는 신뢰를 주는 사람"이라는 말이다. 요즘 나는 지인들과 함께 그와 함께할 귀촌을 논의하며 노후(?)를 계획 중이다.

그는 종종 1990년대 초 탑골공원 근처에서 본 '점' 이야기를 하고는 했다. "점쟁이가 뭐라고 했는지 알아? '말로 먹고 산다. 팔자에 남자가 없다. 평생 가난하지만 그래도 쓰고 나면 쓸 것이 생긴다.'고 했어. 내게 딱 맞는 사주지." 참 용한 점쟁이다.

© Dan Jones

사람인 까닭에

류은숙 지음

2012년 11월 5일 처음 찍음
펴낸곳 도서출판 낮은산
펴낸이 정광호 | 편집 정우진 | 제작 정호영 | 디자인 박대성
출판 등록 2000년 7월 19일 제10-2015호
주소 서울시 마포구 서교동 463-30 서광빌딩 4층
전자우편 littlemt2001hr@gmail.com
전화 (02)335-7365(편집), (02)335-7362(영업) | 전송 (02)335-7380
인쇄·제판·제본 상지사 P&B

* 잘못 만들어진 책은 바꾸어 드립니다. * 이 책의 무단복제와 전재를 금합니다.
* 책값은 뒤표지에 표시되어 있습니다.

ⓒ 류은숙, 2012

이 책에 기꺼이 작품과 스케치 사진으로 힘이 되어 준 Dan Jones 할아버지,
故구본주 작가와 기념사업회 분들에게 진심으로 고마움을 전합니다.

ISBN 978-89-89646-86-0 03300